策略性侵权判决规避问题

一项法律经济学的研究

Strategic Judgement-proof

A Study in Law and Economics

李井奎 著

北京大学出版社
PEKING UNIVERSITY PRESS

图书在版编目(CIP)数据

策略性侵权判决规避问题：一项法律经济学的研究/李井奎著. —北京：北京大学出版社，2023.7

国家社科基金后期资助项目

ISBN 978-7-301-33976-3

Ⅰ. ①策… Ⅱ. ①李… Ⅲ. ①侵权行为—民事纠纷—审判—法律经济学—研究—中国 Ⅳ. ①D923.04

中国国家版本馆 CIP 数据核字(2023)第 080394 号

书　　名　策略性侵权判决规避问题：一项法律经济学的研究
CELÜEXING QINQUAN PANJUE GUIBI WENTI:
YIXIANG FALÜ JINGJIXUE DE YANJIU

著作责任者　李井奎　著

责任编辑　黄炜婷

标准书号　ISBN 978-7-301-33976-3

出版发行　北京大学出版社

地　　址　北京市海淀区成府路 205 号　100871

网　　址　http://www.pup.cn

微信公众号　北京大学经管书苑（pupembook）

电子信箱　编辑部：em@pup.cn　总编室：zpup@pup.cn

电　　话　邮购部 010-62752015　发行部 010-62750672　编辑部 010-62752926

印 刷 者　北京鑫海金澳胶印有限公司

经 销 者　新华书店

730 毫米×1020 毫米　16 开本　9.75 印张　175 千字

2023 年 7 月第 1 版　2023 年 7 月第 1 次印刷

定　　价　38.00 元

国家社科基金后期资助项目
出版说明

后期资助项目是国家社科基金设立的一类重要项目，旨在鼓励广大社科研究者潜心治学，支持基础研究多出优秀成果。它是经过严格评审，从接近完成的科研成果中遴选立项的。为扩大后期资助项目的影响，更好地推动学术发展，促进成果转化，全国哲学社会科学工作办公室按照"统一设计、统一标识、统一版式、形成系列"的总体要求，组织出版国家社科基金后期资助项目成果。

全国哲学社会科学工作办公室

前　言

本书旨在从法律经济学的视野研究侵权法中的一类特殊现象——侵权判决规避问题(judgement-proof problem),主要基于不确定性下的决策和信息经济学的理论方法,揭示侵权判决规避的形成机制,并从事前效率和事后效率的角度探讨各种假设与制度条件下的最优政策效果。在事前效率方面,主要探讨在不确定性条件下侵权判决规避问题的特征与侵权法律规则的效率,以及在道德风险和逆向选择两种框架下侵权判决规避问题的具体表现与应对策略;在事后效率方面,主要探讨侵权事件发生之后的最优赔偿程序问题。作为法律经济学理论的应用研究,本书在注重问题的一般性的同时,也十分关注发展中国家尤其是我国的制度特征,为我国相关法律的运行提供政策建议。

侵权法的传统经济学模型有两个核心假定:第一,侵权行为人具备充足的资产以应对可能的侵权伤害赔偿;第二,侵权行为人对于侵权事故发生概率具有清晰的认知,并能运用主观期望效用理论进行有效决策。但是在现实生活中,这两个假定并不总能得到满足。侵权判决规避问题就破坏了第一个核心假定,而这一问题在决策主体面对不确定性、对于事件概率的认知存在偏差的情况下更为严重,即也不满足传统侵权法经济学模型的第二个核心假定,此时侵权判决规避问题的严重程度将会进一步加剧。

追循上述思路,本书在回顾相关研究文献的基础上,提出基于 Choquet 期望效用决策下侵权法的经济分析模型,得到与传统的侵权法经济分析模型不同的结论。

第一,在严格责任原则下,不确定性的存在会进一步削弱具有潜在侵权判决规避问题的侵权行为人对事故的预防激励。

第二,过错责任原则下,当过错标准设定在社会最优预防努力水平上时,不但不确定性程度对侵权行为人的预防努力水平有影响,而且施害人是乐观还是悲观的主观态度也会影响预防努力的付出。如果施害人是乐观主义者,预防努力水平为社会最优预防努力水平的可能性会随着不确定性程度的提高而递增;如果施害人是悲观主义者,则会随着不确定性程度的提高而递减。

第三,正是在以上更为接近真实世界的假设之上,本书给出应对侵权判决规避问题的政策方案,即在适用过错责任原则的前提下,使用最低资产要求标准来限定企业的准入条件,抑或使用基于不确定性及施害人调整下的庇古税方案。本书还分别从道德风险和逆向选择的视角,对判决规避问题在我国法律与社会环境下的表现进行分析和展开。研究发现,在我国现行破产法的运行环境之下,企业主可以利用破产清偿时债权受偿顺位规定而策略性地实施侵权判决规避。本书建立的道德风险模型得到的结论可以证明:法学家提出的侵权之债优先受偿方案缺乏社会福利最大化的考虑,从效率角度考虑应该予以摒弃。在这一基础上,本书评价了其他各种方案,提出了资产部分担保的解决方案。此外,本书还运用逆向选择模型研究了消费者面对造成产品安全问题的不同可能性,市场上混同均衡和分离均衡存在的一般性条件,并对现行法律进行了效率分析,研究结果表明:现行法律对免责条款的处理欠稳妥,没有充分尊重市场对产品安全的治理方案。

第四,本书就产品质量安全领域中声誉机制与产品责任制的关系进行了研究。既有文献表明:在不完美监督的重复博弈道德风险模型中,声誉机制并不能完全解决体验品市场上的产品质量问题,即存在市场失灵现象。从长期来看,厂商的声誉还存在不可维持的问题。本书从这一问题出发,着重研究了声誉机制和产品责任制的关系。研究表明,在不完美监督下的体验品市场上,声誉机制和产品责任制存在互补关系。在一定条件下,通过选择合适的产品责任制,我们可以得到使社会福利最大化的均衡结果。本书还对几种不同的产品责任制以及其他可能的治理机制进行了比较和讨论,给出了在不同机制下,均衡结果达到社会福利最大化的相应条件。

第五,本书就侵权受害人的公平赔付问题进行了深入分析,对既往的一些赔偿方案中有关公平赔付的操作方案进行了再考察。本书认为,只有使得当前侵权请求权人和未来侵权请求权人在“无知之幕”下选择成为这两种角色上表现出完全无差异,赔偿方案才能实现真正的公平。正是基于此,本书提出基于受害人风险评价机制下的确定性等价赔偿方案。

目　　录

第一章　导论 ……………………………………………………… (1)

第一节　侵权判决规避问题的提出 …………………………… (1)

第二节　研究的意义:侵权判决规避问题带来的理论挑战 …… (4)

第三节　研究思路、主体框架和基本方法 …………………… (9)

第四节　研究的创新之处………………………………………… (12)

第二章　侵权判决规避问题的基本模型及其经济与社会根源 ……… (15)

第一节　引言 ……………………………………………………… (15)

第二节　传统的侵权法经济学模型和侵权判决规避逻辑及扩展 ……………………………………………… (16)

第三节　问题的根源:大规模侵权、有限责任与道德风险 ……… (23)

第四节　现有的救济方案:从替代责任到最低资产要求 ……… (27)

第五节　结论 ……………………………………………………… (35)

第三章　不确定性条件下侵权判决规避问题的模型扩展 ………… (37)

第一节　引言 ……………………………………………………… (37)

第二节　相关文献和 Choquet 期望效用函数 ………………… (38)

第三节　基本模型 ………………………………………………… (40)

第四节　最低资产要求标准:一种可能的解决方案 ………… (48)

第五节　结论与启示 ……………………………………………… (50)

第四章　企业策略性破产与侵权判决规避问题 …………………… (51)

第一节　引言 ……………………………………………………… (51)

第二节　模型的背景故事………………………………………… (52)

第三节　基本模型 ………………………………………………… (54)

第四节　企业行为分析 …………………………………………… (57)

第五节　责任原则与公共政策讨论……………………………… (59)

第六节　结论 ……………………………………………………… (63)

第五章 消费者异质性条件下的企业产品侵权行为与对策分析 …… (66)
第一节 引言 …… (66)
第二节 模型的背景故事和相关文献 …… (67)
第三节 基本模型 …… (69)
第四节 信息不对称条件下的市场均衡 …… (72)
第五节 责任原则与公共政策 …… (76)
第六节 结论 …… (77)

第六章 产品质量安全背景下侵权判决规避问题的市场化解决方案 …… (79)
第一节 引言 …… (79)
第二节 文献回顾 …… (81)
第三节 基本模型 …… (84)
第四节 国内产品质量问题的制度与政策效应 …… (94)
第五节 结论 …… (100)

第七章 市场声誉与产品责任制:基于声誉模型的互补机理 …… (101)
第一节 引言 …… (101)
第二节 声誉模型 …… (105)
第三节 法律干预与市场声誉的互补机理 …… (110)
第四节 结论 …… (116)

第八章 公平和风险分配视角下的侵权破产赔偿方案 …… (118)
第一节 引言 …… (118)
第二节 未来侵权请求权人的代理问题和侵权破产 …… (120)
第三节 克服未来侵权请求权代理难题 …… (122)
第四节 公平分配中的风险配置 …… (126)
第五节 确定性等价方法与 Roe-Smith 方案的比较 …… (130)

第九章 关于侵权判决规避问题的基本结论与研究展望 …… (132)
第一节 基本结论 …… (132)
第二节 研究展望 …… (135)

参考文献 …… (136)

后记 …… (147)

第一章 导　　论

全力解决好人民群众关心的教育、就业、收入、社保、医疗卫生、食品安全等问题，保障民生链正常运转。民生工作直接同老百姓见面、对账，来不得半点虚假，既要积极而为，又要量力而行，承诺了的就要兑现。

——2015 年 7 月 17 日，习近平在部分省区党委主要负责同志座谈会上的讲话

第一节　侵权判决规避问题的提出

随着我国社会主义市场经济建设的逐步深入，作为市场主体的企业及其他个体在从事经济生产的过程中，在产品安全、工作场所和环境安全等方面产生了众多的社会问题，相关法律和监管制度的滞后以及执行不力问题普遍存在。单以食品安全事件为例，掷出窗外网(zccw.info)的吴恒联合志愿者所做的有害食品记录显示[①]，2004 年至 2012 年 5 月，全国各地与有毒有害食品相关的记录高达 3 000 余条。这些大量的食品安全事件，不但分布地域广泛、遍布全国，而且问题多种多样，违法手段非常狡猾，包括“造假、过期、违规加入添加剂、混有异物、包装材料有问题、无证经营、产品不合格、检疫不合格、卫生不达标”等。除此之外，食品安全事件的社会危害还特别巨大，引起整个社会的关注和恐慌，其中尤以 2008 年开始逐渐呈现的中国奶业添加三聚氰胺致使数十万婴儿患上肾结石一案和 2012 年曝光的中国药品行业毒胶囊事件为最。

2008 年 3 月南京儿童医院首次发现 10 例婴幼儿泌尿结石病例，由此三鹿问题奶粉事件开始浮出水面。同年 8 月 13 日三鹿集团才决定，暂时封存三聚氰胺 10 毫克/千克以上的奶粉，继续销售库存的三聚氰胺 10 毫克/千克

① “掷出窗外”是一个有毒食品警告网站，2012 年上线，是复旦大学历史系研究生吴恒联合 34 名网络志愿者创建的。该网站引起了极大的社会反响，由于访问量巨大，在 2012 年 5 月 3 日甚至出现了暂时崩溃的现象。“掷出窗外”是一个让中国百姓了解食品安全的网站、一个食品安全问题的新闻资料库，类似于有毒食品的网上百科全书或者搜索引擎。

以下的奶粉产品，并逐步将含有三聚氰胺的产品撤出市场。截至2008年9月，甘肃、陕西、宁夏、湖南、湖北、安徽、山东、江西、江苏等地发生大量类似案例。9月12日，国家质检总局派出的调查组确认“受三聚氰胺污染的婴幼儿配方奶粉能够导致婴幼儿泌尿系统结石”；同日，石家庄政府宣布，三鹿集团生产的婴幼儿“问题奶粉”是由不法分子在原奶收购过程中添加三聚氰胺所致。随后不久，三鹿集团党委书记田文华被免职、刑事拘留，石家庄市市长被免职。党中央、国务院紧急启动国家重大食品安全事故Ⅰ级响应，并成立专门的处置小组进行处理，卫生部也发出通知要求各医疗机构对患儿实行免费医疗。9月18日，国家质检总局发布公告，决定废止《产品免于质量监督检查管理办法》，并在这次公告中宣布撤销蒙牛等企业“中国名牌产品”称号。短短数月，全国婴幼儿结石案件近30万起，社会影响之巨堪称近年罕见，而这类事件尚未结束。2012年4月15日，中央电视台《每周质量报告》节目播出《胶囊里的秘密》，曝光了河北一些企业用生石灰处理皮革废料，然后熬制成工业明胶，再转卖给浙江新昌一些制药企业制成药用胶囊流入药品企业，最终进入患者腹中。在对皮革进行工业加工时，一般要使用含铬的鞣制剂，这样制成的胶囊往往是重金属严重超标，经检测发现修正药业等9家药厂13个批次的药品所用胶囊重金属铬含量严重超标，最高超标达90倍以上，“毒胶囊事件”至此进入人们的视野。事件的真相令人触目惊心，再次震惊了国人。由于奶粉和胶囊是关乎民生的食品与药品两大领域的标志性产品，因此这两大事件特别引人注目，成为这类产品侵权案例的代表。

这些侵权问题的显现，除侵权施害人因主观故意而做出策略性的道德风险行为之外，一方面说明了这些问题是大规模社会化生产不确定性结果的一种必然呈现，另一方面表明了其他市场主体对各种相关风险的认知逐步加深。而且，无论哪一种情况都给社会带来了非常大的伤害。社会学家乌尔里希·贝克(Ulrich Beck)认为：人类社会进入工业化时代之后，人便成为风险的主要生产者，风险的结构和特征也发生了根本性的改变，产生了现代意义上的“风险社会”雏形；在当今的社会，人为风险超越了自然风险，而成为风险结构中的主要内容；随着现代市场经济的发展，人们应对风险的能力虽然有所增强，但是也带来了新的风险类型，即制度化风险(市场风险是一种典型的制度化风险)和技术性风险。

问题的关键还在于，这些令人感到愤慨的产品侵权事件除侵权行为应谴责、侵权伤害后果令人扼腕之外，事后的救济结果也让人倍感心酸。三鹿问题奶粉造成了近三十万“结石”患儿，正是这种侵权伤害带来的悲惨后果的体现。三鹿企业也因大规模侵权(mass torts)无法清偿侵权之债而进入清算程序。2010 年年初，石家庄中级人民法院做出裁定，终结已无财产可支配的三鹿的破产程序。裁定显示，三鹿对普通债权的清偿率为零，这也说明近 30 万结石患儿将无法从三鹿企业获得任何赔偿。[①] 我国的破产法规定，自 2007 年 6 月 1 日新法施行[②]，清偿顺序依次为：抵押债权，即担保债权，如将企业的土地房屋等不动产抵押给银行而获取的银行贷款；职工债权，包括拖欠职工的工资及社保等；普通债权，包括拖欠供货商的货款及其他普通债务。侵权之债位于第三序列，不属于优先债权。三鹿企业在支付完抵押债权、职工工资与社保等之后，已无任何财产可以支配，故终止破产程序。在现代社会中，企业侵权造成的大量侵权受害人的赔偿请求以致企业无资产可赔付的情况，受到了法律经济学家的关注。Summers（1983）和 Shavell（1986）最先讨论了这种现象，称这类问题为侵权判决规避问题，认为企业在资产相对于所造成的侵权伤害不足以赔付的情况下，会通过破产等法律手段规避侵权诉讼判决的赔偿要求，从而使得这类企业在采取最优预防努力水平方面出现激励不足。

那么，何谓侵权判决规避问题呢？一般性的法律词典将此定义为：实际的或者潜在的败诉债务人所作的说明——自己因没有财产而不能支付判决确定的损害赔偿金的声明，或者在法院管辖区内没有足够的财产以履行判决，或者主张其财产享有法律规定的免受扣押的豁免（参阅 *Black's Law Dictionary*）。《英汉法律词典》（第三版）的定义为：对一切追索金钱的判决不生效者，无力履行判决者。这里没有特别指出判决规避与侵权行为有关，即只要是根据法院判决企业无力履行债务就可称为“judgement proof”。事实上，我们认为就有关该问题的文献来看，侵权判决规避特指适用于侵权法的行为。关于这一点，维基百科的定义相对准确：“该术语最为常用于侵权法的语境，指的是被告或潜在被告在财务上陷入无力清偿的状态。”[③]

从事前的角度看，潜在侵权行为人所拥有的资产和收入的折现值之和如果不能充分根据法律规定对可能造成的伤害予以赔偿，该行为人就出现了所谓的侵权判决规避问题。应该说，这种观点带有事前的特征，即对可能出现的伤害所做的赔偿之估计，这一赔偿只是一种潜在的衡量，并不是真实的给

---

① 根据卫生部截至 2008 年 11 月 27 日 8 时的数据，全国累计报告因食用“三鹿”牌奶粉和其他个别问题奶粉导致泌尿系统出现异常的患儿有 29.4 万人，其中死亡 6 人。但这并不包括后来演变成重症甚至死亡的患儿，其相应的一次性补偿方案也未见披露。资料来源：http://news.sohu.com/20091130/n268576033.shtml，2020 年 5 月 6 日访问。

② 原破产法规定，职工债权优先于抵押债权。新法对此做了调整，规定 2007 年 6 月 1 日之前破产的企业适用原破产法的清偿顺序，当日之后破产的企业适用新法规定的清偿顺序。

③ 原文为英文，这里的中文是作者所译。

付。事实上,赔偿的内涵是非常广泛的,既可以是对侵权受害人的补偿,也可以是来自政府或者法律判定的高额罚款。从事后的角度看,侵权判决规避问题是指侵权行为人的资产和收入无法补偿受害人这种情况下发生的清偿无力现象。从这个定义看,侵权判决规避则有一个程度上的问题,即与预期的伤害在量值上有直接的关联。如果某人或者某企业可供赔偿的资产为100万元人民币,而其造成的侵权事故所带来的损失为50万元人民币,此时就不存在侵权判决规避问题。但是,如果这种侵权事故所需的损失补偿高达5亿元人民币,同样的侵权行为人或企业就会出现所谓的侵权判决规避。Shavell(2004)曾经这样解释,在实践中这一问题的重要性依赖于施害人所造成的损失与其资产之间的关联程度。有时尽管资产大于损失,但是基于侵权法律之外的其他法律规定,由于很多资产享受豁免权,侵权判决规避问题依然存在。

根据上文的解释,如果每个人都能支付得起1 000元损失的侵权赔偿请求,而这样的侵权赔偿请求一般会因数额过小而不会出现在诉讼中,那么对于这样的侵权损害,由于数量众多,加总起来将是一笔巨额的损害赔偿。从诉讼的角度看,侵权受害人由于受到集体行动问题的困扰,将无法向施害人请求侵权赔偿。在这种情况下,虽然侵权施害人造成侵权事故的发生,但由于诉讼问题本身造成的障碍,此时不会出现侵权判决规避问题。当然,这是从事后角度出发看待该问题,诉讼程序法将会对这类诉讼予以应对。在通常的解决方案中,群体诉讼是其中的一种应对办法。认识到这种情况的存在很重要。几乎每年都有数以百万计的低案值水平的侵权事件发生,但缘于涉事者希望逃避诉讼而放过了侵权行为人。因此,如何降低这些人的诉讼门槛值得进一步研究。不过,我们不会对这个问题进行具体分析,而是将焦点集中在那些进入诉讼而无法得到完全赔偿的请求权案。

第二节 研究的意义:侵权判决规避问题带来的理论挑战

一、侵权行为的法律经济学

侵权法是市场经济条件下各国的一项基本法律。我国于2009年12月26日通过并于2010年7月1日实施的《中华人民共和国侵权责任法》①就是这样的一部法律。我国侵权责任法中明确了这部法律的立法目的:“为保护民事主体的合法权益,明确侵权责任,预防并制裁侵权行为,促进社会和谐稳

① 2020年5月28日,十三届全国人大三次会议表决通过了《中华人民共和国民法典》,自2021年1月1日起施行。《中华人民共和国侵权责任法》同时废止。

定,制定本法。”这一立法目的的内涵,囊括侵权责任法三种不同的规范目标,分别是法律经济学者主张的威慑功能(deterrence)、批判法学者认为的损失分摊功能(loss spreading)、其他法理学家比较认可的矫正正义(corrective justice)功能。

法律经济学根据经济效率这一概念,倾向于强调侵权法体系的威慑目的。法律经济学总是根据是否给事故各方创造出足够的激励来评价现有法律条文或法律改革,从而减少伤害,最小化事故成本,避免事故责任由预防成本比较高昂的一方承担。这种观点的倡议者试图寻找最优的责任原则,使之能够既带来有效的预防努力水平,又不对富有效率的生产活动造成负面影响。① 很多研究批判法的学者在这个问题上往往持有更富社会公共色彩的立场,认为大部分事故是生产、生活活动的必然副产品。比如在交通事故侵权和产品制造方面的侵权事故中,发生侵权事故有时候并不是侵权行为人的主观故意,而是服从一个客观的风险概率,是工业化社会必然产生的社会现实。根据分配正义(distributive justice)的观念,这些学者强调事故成本是由群体行为所致,并不仅仅是个人的过错,侵权法应该尽其所能地分摊风险,为事故受害人提供迅捷的有价值、低成本的补偿或保险。② 这种观点的一些支持者总是希望能够找到责任事故最有支付能力的相关方(deep pockets),如政府或者作为被告的大公司,从而将财富再分配给有需要的受害人;另一些持此观点的学者还认为,事故责任的初始分配并不总是可以决定其最终的发生频率。据此,受害人作为一个群体总要承担预期的事故成本,侵权法律体系应该成为社会保险的隐性形式,对受害人或潜在受害人予以保险。但是,这种观点遭遇到很多批评。③ 更多的传统侵权法学者则秉承亚里士多德主义和康德主义,强调个体责任这一概念,这点与法律经济学者们如出一辙。不过,他们并不认为侵权法的目的在于威慑潜在侵权人的错误行为,而在于强迫那些在道德上有罪的个体因侵害他人的自主状态而尽可能地将被侵害人的状态恢复到未受侵害之前的状态。④ 对于支持矫正正义观点的学者来说,侵权法的目的当然在于校正已发生的非正义行为,而不是阻止还没有发生的潜在侵权人的错误行为,或者弥补那些不走运的待补偿的受害人。

---

① 萨维尔的《事故法的经济分析》、波林斯基的《法和经济学导论》、考特和尤伦的《法和经济学》、兰德斯和波斯纳的《侵权法的经济结构》,这些主流法律经济学教科书均持有这种观点,对于侵权法的经济分析是一脉相承的。相关著作列示于参考文献中。

② 这方面的文献可以参阅 Sugerman(1985)和 Abel(1987)。

③ Trebilcock(1989)就认为补偿方案不可能与减少事故发生这一目的完全背离,而这种补偿方案在最小化事前和事后道德风险上是值得商榷的。

④ Weinrib(1983)和 Owen(1992)是这种理论的代表,Brencher(1992)则对侵权法的矫正正义理论进行了尖锐的批判。

虽然上述三种观点本身有其内在的逻辑和理论支撑,但就本书所讨论的侵权判决规避问题,以上三种功能说均受到一定程度的冲击。本书研究的侵权判决规避问题对现有的三种侵权法的立法目的说提出了挑战,否定了效率说和损失分摊说这类工具目标,对矫正正义理论也构成了间接威胁,值得特别关注。

二、侵权判决规避问题对侵权法律经济学分析构成的挑战

从现象的角度看,侵权判决规避问题可以分为两种。第一种是没有责任险投保覆盖的情况。在这种情况下,我国大部分中小企业或个人在遭遇较大的侵权诉求时往往会无法进行赔偿;第二种是根据相关的法律规则,施害人的资产或收入应该予以豁免或免于赔偿,使得在法律的框架内施害人的侵权行为无须对受害人的侵权诉求进行赔付。本质上,第一种侵权判决规避现象是可以避免的,只要对这类具有潜在侵权可能性的企业实施强制责任险就可以得到解决。但第二种侵权判决规避问题则要严重得多,影响范围更大,必须得到认真对待;而且,第二种侵权判决规避是施害人策略性地运用相关法律来完成的。这类现象是本书关注的核心对象。

侵权判决规避行为人在威慑、损失分摊及矫正正义三个方面给侵权法的基本功能带来了巨大挑战。第一,从法律经济学的效率和威慑角度而言,侵权法体系无法有效威慑侵权判决规避行为人从事侵权行为。[①] 因为暴露于侵权责任下的最大资产量不足以弥补预期的损害,侵权判决规避行为人在采取有效预防措施方面往往缺乏较强的激励动机(Logue, 1994)。总而言之,如果潜在侵权行为人根本不受侵权责任的牵制,从理性自利这个假设推断,他应该不会采取任何预防措施。第二,从矫正正义这个角度来看,尽管侵权法体系理论上认为侵权判决规避行为人的行为是错误的,侵权施害人应该补偿受害人以弥补自己的错误,但在实际的法律运作中它却无法真正做到这一点。即使侵权行为人有足够的资产以应对诉讼,矫正正义也可以迫使侵权施害人赔偿受害人,但是仍然有其他法律规定保护侵权行为人的资产和收入免于用于赔偿,整个法律体系在这一点上并没有根本上的一致性目标(韩长印和韩永强,2010)。第三,从损失分摊这个角度来看,侵权判决规避的施害人似乎没有带来新的问题,但是当施害人的财产无法弥补受害人的损失时,损失就不再能够分摊,而是转移到受害人身上,这就间接损害了侵权法的损失分摊功能。目前,解决侵权损害的主要机制是责任险制度,而侵权判决规避

① *Handbook of Law and Economics* 中 Steven Shavell 为事故法所写的文章专门讨论了侵权判决规避(judgement proof)问题。

行为人在购买责任险方面的激励上并不充分，而且随着无法赔偿的预期额度上升，责任险的购买激励还会呈下降态势。

三、学术界对侵权判决规避问题的忽视与争论

鉴于侵权判决规避问题会在事故成本最小化、错误行为矫正以及损失分摊方面给侵权法带来极大的破坏，而国内外的侵权法学者对这一问题的重视程度却相对不大，这就让人不得不感到奇怪。正如我们之前提到的，这一问题的法律经济学分析始于 Summers(1983)和 Shavell(1986)，但他们并没有给出正式分析的模型。之后的 Polborn(1998)给出了有关这一问题的政策回应。但是这些文献都没有涉及法律意义上的可用于赔偿的财产，而只是假定企业或个人资产不足，这样就避开了侵权法与其他法律之间的冲突，从而可以安心地讨论效率问题。Shavell(2005)注意到这一差别，认为企业有时会隐匿其资产以免于赔偿，但没有详细地考察这种隐匿行为的具体情况和范围。真正重视这一问题的不是来自侵权法领域的学者，反而是来自企业破产法领域的著名学者 Lunn LoPucki。他在 1996 年发表了文章“责任法的死亡”(the death of liability)，尽管其主要着眼点是大公司如何使得自己规避侵权判决，但也描述了众多的利用法律规则之间的不一致性来逃避赔偿的方法。他认为，侵权责任体系利用了一个复杂的社会、经济和法律架构，据此决定谁能赔付损失、谁不能赔付损失，并且断言个人和企业要么可以实现侵权判决规避，要么在进入民事赔偿程序之前就有能力脱身而去，即出现 Summers(1983)所言的“被告消失”这类情况。在这一基础之上，LoPucki 给出了他的主要观点：大公司将会越来越能够避免侵权责任法的规制，因为它们可以采取规避赔偿判决的策略实现这一点，其方式如资产证券化、子公司操纵，或者利用破产法的相关条款等。当大公司可以逃避侵权法的治理并且不再购买责任险时，LoPucki 的断言就不再是危言耸听：我们将见证“责任法的死亡”。

LoPucki 的预言在公司法学者之间产生了非常激烈的争论。著名的公司法专家 James J. White 撰文回应，并给出大量的经验分析，意在指出“LoPucki 教授告诉给我们的故事是虚构的”(White，1997)。他的研究数据没有支持 LoPucki 提到的公司利用一些法律条款为将来的潜在侵权行为进行策略性规避这一观点，认为债权人并不是非常关心侵权判决规避问题并要求更多的抵押。他还发现，无长期的趋势可以支持 LoPucki 教授的结论。最后他得出结论：侵权判决规避问题不可能成为侵权事故责任认定中的一个主要问题。1999 年公司法学者 Stephen Schwarcz 在《斯坦福法律评论》(*Stanford Law Review*)上反驳 LoPucki 的观点，认为侵权判决规避策略的广泛应用是

不太可能的。针对这种情况,LoPucki 在《斯坦福法律评论》上连续发表两篇文章予以回应,并表达了不同意见。[①] 这场争论非常之激烈,以致引发了公司法的众多专家参战。但是,这场争论关注的是大公司会不会采取 LoPucki 所预测的侵权判决规避策略,而不是讨论侵权判决规避问题是否存在。因此,White(1997)的数据并不足以涵盖这一问题所揭示的更为广大的领域,尤其是非公司的侵权行为人,其对 LoPucki 的驳斥并不能全面否定 Shavell 等人提出的这一问题的现实存在性。有关这一争论缺位的是侵权施害个人或小企业会不会从事甚至经常性地采取侵权补偿行为举措。

我们可能会寄希望于侵权法学者来解决 LoPucki 文章所提出的问题,但是大部分侵权法学者没有重视这一问题。针对这一问题进行深入研究的 Stephen Gilles 教授,在对侵权法文献进行梳理之后得出结论:有关侵权法的讨论,几乎没有学者深入研究侵权判决规避问题广泛分布于社会中这一普遍现象,更没有涉及这一现象的法律原因。[②] 大体上,侵权法文献把这个问题当作一种生活的事实而予以接受,把侵权施害人的财富水平当作一种客观的分布状态加以接受,并不深入探讨这一状态是否可能因施害人的主观选择和法律策略而改变。不可否认,侵权法学者探讨的那些法律情境(如医疗事故或交通事故中大量的赔偿请求权都可以得到满足)广泛存在,但也有很多其他由侵权判决规避问题造成的请求权无法在侵权法律体系内部得到解决,这些情况没有得到讨论,或者学者们仅仅将之简单地归因于贫困,而不是深入探讨在法律赔偿判决上会面临的制度性障碍。多伦多大学法哲学教授 Arthur Ripstein 承认,侵权赔偿无法得到完美支付的确为解释侵权法的矫正正义理论带来了困扰。但即便如此,他还是认为,这一问题应归因于"广泛存在的财富和权力不平等"(Ripstein,2004)。

我国侵权法理论工作者对于侵权法律体系运行环境所做的错误性假设,也没有给予足够的重视。翻遍我国的侵权法教科书,基本上找不到有关侵权判决规避问题的阐述。也许在侵权法学者看来,这一问题已经不是侵权法所能适用的,或许应该交给诸如民法、破产法等其他法律来处理。但是由于破产法是程序法,无实体法性质,上述处理已失去积极意义,致使侵权责任法在

---

① 其中,"The Essential Structure of Judgement Proofing"一文是对 White 教授观点的回应,而"The Irrefutable Logic of Judgement Proofing: A Reply to Professor Schwarcz"则是对 Schwarcz 教授观点的反驳。

② 参看 Gilles(2006)的脚注 25。

遏制侵权行为的基本功能、法理和逻辑方面均存在不足。[①]

除此之外，法律判决的执行也存在重大缺陷。一般而言，民事赔偿判决并不是自我执行的。当法院对被告进行宣判时，法院只是做出一个权威性的发布，在判决中宣布被告欠原告一笔债务，并不要求被告立即支付。其结果是，除非被告投保了充分的责任险，否则侵权请求权人就必须做好心理准备提起履行判决的诉讼。[②] 更为关键的问题在于，是否执行判决不在于被告人是否有资产，而在于现行法律体系下被告人的财产是否可以用于赔偿。法律规定的可偿资产与实有资产之间的鸿沟向来存在，而从本质上看这些都是合法的。法律本身存在的这些问题，有可能致使数以万计的侵权受害人不享有一般侵权法所规定的请求权，导致这类侵权判决形同虚设；也有可能使得侵权受害人只能获得很小比例的赔偿，因为施害人可能只有部分资产可用于赔偿。

LoPucki 教授的断言或许是在警告我们，这种情况并不是客观存在且不可克服的，事实上它是社会所做的一系列法律规则选择的结果。这些法律选择包括各种类型的资产豁免规则、侵权债权在破产法下的受偿顺位规定以及担保债权相对于侵权债权的优先性等，它们使得侵权判决规避问题变得更为严重。的确，有些人可能确实出于客观情况在事实上无法进行侵权损害赔偿，但还有很多人则是在法律上无须进行赔偿——他们拥有充裕的资产，但是在现行法律规则下无须使用这些资产对侵权受害人进行补偿。

第三节　研究思路、主体框架和基本方法

一、研究思路

鉴于侵权判决规避问题在侵权法律经济学中的地位，本书意欲深入研究其背后的侵权行为主体决策的逻辑。这一逻辑的展开是从侵权行为主体对待不确定性及风险的态度上展开，主要讨论两类不确定性：一类不确定性的决策模式仍然沿袭新古典微观经济学用于进行风险分析的主观期望效用理论；另一类不确定性则从近二十年来不断发展的新的应对不确定性（或称模糊性）问题的经济理论出发进行讨论。第二类不确定性的分析范式仍然不脱

---

① 韩长印和韩永强（2010）具体探讨了一类特殊的法律安排，即担保债权与侵权之债的关系，指明了这一法律后果；李井奎和史晋川（2010）则从具体的案例入手，探讨了这一缺陷的具体表现和不良后果。

② 唐应茂在其著作《法院执行为什么难——转型国家中的政府、市场与法院》中讨论了类似的情况，这说明，类似的问题在我国法院判决执行过程中是比较普遍的。

离理性假设，只是对决策主体认知模型所表现出来的偏好特征进行更深一步的近似模拟，使之更好地切近现实中的主体决策行为。

从侵权判决规避问题的根源来看，侵权行为主体策略性地利用自己的信息优势是造成此类问题的重要原因。我们可以看到，侵权施害人的道德风险行为是造成很多重大产品安全事故的罪魁祸首。侵权行为主体利用自己在产品生产等环节上的信息优势，策略性地选择最优预防努力水平，同时又受自身资产所限，利用法律规定中的逻辑不一致性而采取规避策略，使得这种道德风险行为的后果更为严重。为了揭示侵权判决规避问题的形成原因，进而深入探讨侵权法以及相关管制政策的运行效率，必须深入分析理性范式下侵权行为主体在信息不对称环境中的策略性行为。除了侵权施害人的道德风险行为，侵权事故各方的行为也可能带来一定的伤害后果。本书还将深入探究在消费者群体中存在消费者类型的不确定情况下，如何有效利用市场机制，避免本可以由市场自行解决却因相关法律规定而造成企业侵权以致破产的现象。严苛的管制措施或者法律规定，需经过经济分析的福利比较才能给出正确的理论基础。

传统的理性分析在处理不确定性问题时，往往强调不确定性的风险特征。根据 Knight(1921)①的分类：已知概率的不确定性被定义为风险，而概率未知的不确定性则定义为不确定性或者无知。Neuman and Morgenstern (1944)②给出了风险条件下人们行为决策的经典分析。他们假设决策主体的效用函数具有期望效用性质，并认为决策主体对于风险备择项的概率分布均有清楚的认知。期望效用理论应被视为关于理性决策的规范性理论，然而该理论经常受到各种悖论的困扰。首先是 Allais(1953)提出的“阿莱悖论”，发现人们对彩票的现实选择经常违背期望效用理论所预测的结果。对阿莱悖论的回应催生了一系列的不确定性决策理论，最著名的是 Savage(1954)提出的主观期望效用理论。在这一理论中，萨维奇认为每一个决策主体对于风险备择项均存在一个先验的主观概率，不需要决策主体对于任何备择项的客观概率分布有清晰的认知。这可以部分化解阿莱悖论，但也遭到另一个著名悖论的困扰，那就是“埃尔斯伯格悖论”(Ellsberg Paradox)。该悖论的根本在于人们其实对于概率信息缺乏的彩票是更为厌恶的，由此提出了不确定性厌恶(也被称为模糊性厌恶)的人类决策心理。这类问题的处理直到 Schmeidler(1989)的发表，才有了更为广阔的发展。

本书意图突破主观期望效用理论的决策模式，引入 Schmeidler 等人逐步

① 参阅弗兰克·奈特(2010)。
② 参阅冯·诺伊曼和摩根斯顿(2004)。

发展起来的 Choquet 期望效用理论来分析决策主体的行为，并应用到侵权法律的经济分析上。这一理论对决策主体也就是本书中的侵权行为主体的主观刻画非常值得一提，那就是决策者对待不确定性的主观态度这一特征，即悲观的决策者会对事故发生的概率高估，乐观的决策者则正好相反，从而带来不同的后果，并为相关法律和管制部门的决策提供一定的理论指导。值得庆幸的是，这些主观态度均可以在现有模型中得到完整的刻画和定义。

二、主体框架

本书的基本框架大体包含五个部分。

第一部分为本书的第一章和第二章，综述了从提出侵权判决规避问题到正式分析该问题的文献历程，并就侵权判决规避问题形成的原因、各类解决方案进行了全面而深入的介绍。

第二部分为本书的第三章，引入了 Choquet 期望效用理论，在刻画了侵权行为主体主观态度的基础上，重新审视了侵权判决规避问题的传统经济分析模型，给出了更细致、更逼近现实的分析结论。

第三部分为本书的第四章和第五章。第四章主要讨论了存在潜在侵权行为的企业如何利用策略性破产行为来规避侵权赔偿判决，这一问题的研究建立在对企业道德风险分析的基础上。第五章则主要探讨了在发展中国家，当不同地区和人群因消费习惯、消费历史等因素差异而产生对侵权后果的容忍度不同时，市场机制如何应对这种差异，即市场自身能否发展出良好的均衡结果。研究表明，如果任由消费者和企业自由签约，那么在给定一些条件的情况下可以实现均衡结果；但是，由于当前的很多法律规定破坏了这些条件，市场均衡结果无法实现。

第四部分为本书的第六章和第七章，研究不完美监督下体验品市场的声誉机制、市场结构和产品责任制之间的相互关系。既有文献表明：在不完美监督下的重复博弈道德风险模型中，声誉机制并不能完全解决体验品市场上的产品质量问题，存在市场失灵现象。从长期来看，厂商的声誉还存在不可维持的问题。从这一问题出发，第六章着重研究了声誉机制与市场结构的关系，第七章则研究了声誉机制和产品责任制的关系。基本的研究发现表明，在不完美监督下的体验品市场中，声誉机制和产品责任制具有互补关系。在一定条件下，通过选择合适的产品责任制，我们可以得到一个令社会福利最大化的均衡结果。第七章还对几种不同的产品责任制以及其他可能的治理机制进行了比较和讨论，给出了均衡结果达到社会福利最大化的相应条件。

第五部分为第八章，主要探讨了一旦侵权事故发生而侵权企业出于各种原因破产重整或清算之后,如何在当前业已发现的侵权受害人和未来的尚未发现的侵权受害人之间进行公平赔付的问题。在评析了前人提出的赔偿方案的基础上,本书提出了基于风险的确定性等价赔偿方案。

最后一章总结了全书的内容,并展望了未来可能的研究方向。

三、基本方法

在研究方法上,本书的基本模型是微观经济理论中不确定性条件下的决策理论。首先,在处理概率未知的不确定性时,本书未沿袭一贯的主观期望效用理论,而是应用新的期望效用理论——Choquet 期望效用理论。这是微观经济学理论前沿发展的最新成果,也是本书的创新点所在。其次,在处理概率已知的不确定性时,本书承袭一般性的冯・诺依曼和摩根斯坦开创的研究范式,但是把决策者置于信息不对称环境中,讨论侵权行为主体的策略性行为。最后,在探讨有关侵权赔偿事宜上,本书使用了风险厌恶分析中的确定性等价方法,给出了更富经济学色彩的有效分配方案,舍弃了法学家们一贯的对公平和正义的"理想"追求。

第四节　研究的创新之处

本书的创新之处总结起来有以下几点:

第一,传统的侵权法经济分析模型立足于侵权行为人的资产足以应对可能的侵权赔偿判决这一假设之上,使用的都是经过 Savage(1954)改进的主观期望效用理论,认为无论是无过错责任原则还是过错责任原则均可实现最优的事故预防努力。但是已有文献表明,一旦面临 Shavell(1986)提出的侵权判决规避问题,侵权责任的效率结果将不再成立。本书正是在这样的文献背景下对侵权判决规避问题展开新的研究,引入近二十年来微观经济学的最新进展之一:处理不确定性条件下决策的非线性期望理论——Choquet 期望效用理论。之所以引入新的 Choquet 期望效用理论,是因为主观期望效用理论要求决策主体对于事故发生的概率分布在事前有一个清楚的认知,即便是主观概率也须与客观概率的分布一致。很显然,这一假设过于苛刻,不尽符合现实。事实上,行为法律经济学的很多研究也表明用主观期望效用理论研究侵权事故的预防存在一些弊端。本书率先使用 Choquet 期望效用理论对侵权法经济分析中的有关侵权判决规避问题进行了研究,得到的一些结论也与传统的侵权法经济分析模型存在很大的不同。首先,在无过错责任原则下,不确定性进一步降低了存在潜在侵权判决规避问题的侵权行为人的预防激励。

随着财富水平不断提高、不确定性程度降低，侵权行为人的预防努力水平会逐渐接近社会最优预防努力水平；而且随着总财富水平的提高，不确定性使得施害人的边际预防支出不断增加，侵权行为人的预防努力与社会最优预防努力水平之间的差距也会随着不确定性程度的提高而扩大。其次，在过错责任原则下，当过错标准设定在社会最优预防努力水平上时，不确定性程度对侵权行为人的预防努力水平产生影响，而且施害人是乐观还是悲观的主观不确定性态度也会影响预防努力的付出。如果施害人是乐观主义者，预防努力水平为社会最优预防努力水平的可能性会随着不确定性程度的提高而递增；如果施害人是悲观主义者，这种可能性则会随着不确定性程度的提高而递减。最后，正是在以上更为接近真实世界的假设之上，本书给出了应对侵权判决规避问题的政策方案，即在适用过错责任原则的前提下，使用最低资产要求标准来限定企业准入条件，抑或使用基于不确定性及施害人态度调整下的庇古税方案。可以这么说，本书率先使用了最新的非线性期望效用理论来研究侵权判决规避问题，并给出了相对更符合现实的法律和政府管制方案。针对本书的研究主题而言，就当前目力所及的中文文献内，除了极个别的法学文献对侵权判决规避问题有所涉猎，法律经济学在该领域尚且是一片空白，而本书对此做出了弥补性的工作。

第二，侵权判决规避问题的产生原因多种多样，不同国家的法律规定不同，以至于这一问题的具体形式和解决方案也会稍有差异，本书特别关注在中国法律和社会环境下有关侵权判决规避问题的产生与治理。本书从三鹿企业破产清算一案中发现，在我国现行破产法的运行环境之下，企业主可以运用破产清算时债权受偿顺位的规定而策略性地实施侵权判决规避。我国破产法规定，企业债权受偿的首位是担保债权，然后是职工债权，侵权之债属于普通债权而列第三顺位。同时，由于侵权债权请求权人众多，在诉讼时往往会面临集体行动问题，诉讼法程序也往往备受争议，造成侵权赔偿不足。企业主通过在事前将资产进行担保，从而尽可能地享受企业经营收益，而规避未来的侵权赔偿判决。针对这一问题，法学家们提出的侵权债权优先受偿方案并不是社会效率最优的，事实上，从事前的角度看这一方案是极其缺乏效率的。本书建立的道德风险模型得到的结果可以证明，法学家们提出的侵权债权优先受偿方案缺乏社会福利最大化的考虑，从效率的角度看应该予以摈弃。在这一基础上，本书对其他各种方案进行了评价，并提出了资产部分担保的解决方案。此外，本书还特别关注发展中国家的一类特殊现象，即人们对产品安全的认知存在不同：同一国家的消费者会因为各种因素而在产品安全的容忍度上存在显著差异，对安全问题的敏感程度也不同，而如果法律规定过于严苛，实际上就会使得对产品安全容忍度高的人群失去消费这些产品从而提高福利的机会。这是一个典型的逆向选择问题。本书运用逆向选择模型研究了市场上混同均衡和分离均衡存在的一般性条件，并分析了现行法律的效率，认为现行法律对免责条款的处理欠稳妥，并未充分尊重市场自身对产品安全问题的治理方案。本书认为，如果没有对中国现实和现行法律的严格分析，我们就无法深刻理解中国市场经济良好运行的制度要件。

第三，一旦侵权责任事故发生，侵权受害人公平受偿就成了关键；尤其是在市场经济中存在大规模侵权的情形下，如何使那些在破产重整之前已经提起诉讼的侵权受害人和那些在破产赔偿程序启动之后才被发现的侵权受害人得到公平的赔偿，是本书关注的一个焦点。本书就侵权受害人的公平赔付问题进行了深入分析，对既往的一些赔偿方案中有关公平赔付的运行方案进行了再考察。本书认为，只有使得当前侵权请求权人和未来侵权请求权人在无知之幕下选择成为这两种角色时表现出完全无差异，赔偿方案才是公平的。正是基于此，本书提出了基于受害人风险评价机制的确定性等价赔偿方案。也就是说，如果人们对成为未来侵权受害人的风险评价较高，那么就应该向破产赔偿程序启动之后不断被发现的侵权受害人的赔偿有所倾斜，具体的倾斜政策可以基于受害人的风险厌恶程度进行计算。本书可以为国家赔偿法律法规的实施给出一些基于经济理论的现实建议，有关这方面的探讨目前比较缺乏，本书是在这方面的一个尝试。

本书基本上遵循法律经济学传统分析框架，在理性范式下深入讨论这些主题，既有基本理论的最新进展在法律经济分析上的应用，又有针对我国具体法律制度下侵权判决规避问题的深入研究。由于本书的研究主题以及所使用的方法尚且处于启动或者有待进一步完善的阶段，因此本书只是千里之行的第一步，后续的工作尚待深入。

第二章　侵权判决规避问题的基本模型及其经济与社会根源

办企业，那太简单了，花的都是别人的钱！

——大仲马

第一节　引　　言

在法学理论上，侵权责任法要求侵权施害人就其对侵权受害人造成的侵权损害进行赔偿，无论这些损害是故意还是过失所致。除非购买了足够的责任保险，否则犯有过失的侵权施害人就需要从个人财产中支付赔偿金。主观故意的侵权施害人不可能选择用保险来支付，因为责任险通常不包括故意侵权，因此，主观故意的侵权施害人必须利用自己的财产资源对受害人进行补偿。总的来说，事故发生后，财产将从侵权施害人那里转移到侵权受害人。侵权法律体系通过这样的程序实现对错误行为的威慑及执行正义。这可能会使得潜在的侵权施害人更为小心。

从经济学的角度而言，侵权行为具有负外部性。这些行为由于面临较高的交易费用，往往难以达成私人间的契约，从而无法使伤害内部化。因此，科斯定理的结果在这类行为面前无法得到实现。侵权责任法在这一基础上弥补了契约治理的不足，涉及正式私人协议中交易费用较高的那一类主体与主体之间关系的治理。侵权责任法的意图在于，促使侵权施害人和侵权受害人将那些因未能防范而产生损害的成本内部化。侵权责任法要求施害人补偿受害人以实现成本内部化，当然，这一补偿的标准随着责任原则的不同而有所差异。当潜在的侵权施害人内部化其造成的损害的成本时，他们就有动力在有效的水平内努力进行预防(Cooter and Ulen，2012)。

侵权责任法的这种良好意愿，无论是从法学中的正义出发，还是从经济理论中的外部性角度论述，似乎都无懈可击。但是，这些理论的前提是侵权施害人拥有充裕的资产并且秉承正直守法的态度来面对自己所做的侵权行为；但事实上，这两个假设并不总是成立的。我们设想这样一种情形：一家处理危险废料的企业准备长期经营下去，为了规避未来的责任，在倾倒危险废料上必须极端小心；不过，或许它也可以采取鲁莽的倾倒策略，以致积累潜在的侵权责任到一定程度，超过其本身的资产。预期到未来的责任和破产情况，该企业会持续分发利润，并使资本保持不足。一旦伤害发生且企业被起诉，该企业就会宣布破产，侵权受害人和其他未被满足的债权人将取代企业所有者的位置。但是，即便如此，侵权受害人也可能无法得到应有的补偿，因为企业财产不足以清偿侵权之债和其他债务；更何况，侵权之债在我国破产法的清偿顺序中相对靠后，几乎没有希望能够得到符合公平标准的受偿份额。三鹿破产清算事件就是一例。这种情况说明，那些高风险行业的企业可能会面临太多的事故，同时拥有过少的资本，结果会降低产量并扭曲资本比率。如果侵权责任导致破产和清算，公司的那些不可转让的资产就会被破坏。这些资产包括商誉、组织机构及其雇员在公司如何运作上所拥有的知识（所谓的企业专用性人力资本）等。这种规避责任的行为会导致严重的效率损失，也使得侵权责任法的良好初衷无法得到实现。

近三十年来，法律经济学文献在这一问题上进行了大量的探讨，本章意在从以下方面梳理这些研究成果：首先，我们引入考察这一问题的基本模型，阐述其经济学逻辑；其次，分析和探究这一问题的社会与经济根源；再次，我们评述相关的救济方法，主要涉及扩展责任的考察，以及管制和责任原则配合使用的研究，基本上是从制度设计的角度进行事前分析和预防；最后，我们还希望就侵权之债的受偿问题进行细致的研究，希望能够从事后的角度处理这一问题。

第二节　传统的侵权法经济学模型和侵权判决规避逻辑及扩展

一、传统的侵权法经济学模型

侵权法的经济分析是由法学学者首创，其中比较著名的是 Calabresi (1970)，此后主要是经济学家在这个领域耕耘，所用的是微观经济学的标准方法。关于传统的侵权法经济学模型介绍，我们主要讨论责任原则的重要经济意义，集中介绍严格责任和过错责任两种责任原则。在严格责任原则下，施害人承担对侵权责任事故的全部损失；在过错责任原则下，只有当施害人存在过错时，他才必须对侵权责任事故的损失给予赔偿。也就是说，如果他尽到了法律所规定的预防义务，就可以免于责任。在实际的法律运作中，过错责任原则是主要的侵权责任原则形式；严格责任原则只是适用于某些特别危险的活动。① 我们将责任方需支付的量称为“赔偿金”；除非特别提及，赔偿金都被假定与施害人在侵权事故中造成的损害相等。

为集中讨论侵权责任原则以及侵权行为外部性的内部化问题，本节我们假设侵权施害人和受害人均为风险中性，两者不存在契约关系，无论他们具体是公司还是个人，我们都把他们当作一个决策个体来看待。我们还规定，本书讨论的是单边预防事故，即只有施害人才会带来侵权事故风险。故而，我们主要研究的是这样两类决策：一类是活动的预防努力水平；一类是牵涉的活动水平。我们首先研究预防努力水平的选择，然后研究预防努力水平和活动水平均涉及在内的情况。

我们假设潜在的侵权施害人在预防上的支出为 x，造成侵权损失 l 的侵权事故发生概率为 $p(x)$，且概率函数在 x 上是递减凸函数。我们假设社会的目标是最小化总体期望成本：$x+p(x)l$。最优水平的预防支出记为 x^*。

在严格责任原则下，若侵权事故发生，则施害人需支付的赔偿金为 l，承担的预防成本为 x。对 $x+p(x)l$ 进行最小化，施害人会选择最优预防努力水平 x^*。在过错责任原则下，我们假设法定预防努力水平为 $\underline{x}$，令它等于 x^*。在过错责任原则下，若侵权施害人的 x 小于 x^*，则他需支付 l；若 x 大于 x^*，则无须进行赔偿。由此我们可知，潜在的侵权施害人在过错责任原则下会选择最优的预防努力水平 x^*。双边预防模型也给出了同样的结果（Brown，1973）。② 但严格责任原则对法院的信息要求不高，而过错责任原则要求法院设定的预防努力水平恰好为社会最优预防努力水平，这一点在侵权责任体系实际运行过程中是非常重要的。

我们再纳入活动水平进行分析。假设潜在的侵权施害人选择活动水平 z，我们可以把这个活动水平解释为潜在的侵权施害人选择从事具有潜在侵权事故风险的经济活动的次数。设 $b(z)$ 为潜在的侵权施害人从从事该项活动中所得到的收益，且这个函数是 z 递增凹函数。这样，在活动水平为 z 时整个行为的总体预防成本和期望损失为：$z[x+p(x)l]$。社会的目标是最小化 $b(z)-z(x+p(x)l)$，最优解为 x^* 和 z^*。根据上文分析结果，x^* 最小化了 $x+p(x)l$，根据一阶条件可知 z^* 是 $b'(z)=x^*+p(x^*)l$ 的解，其经济含义为：从事该项活动的边际收益（等式左边）等于边际成本（等式右边）。这就给出了最优的活动水平。

---

① 我国侵权责任法等相关法律规定，造成人身伤害的，基本上采用严格责任原则。

② 鉴于本书主要考虑单边预防，我们不再深入讨论双边预防，相关内容可以参阅（Brown，1973）、萨维尔的《事故法的经济分析》以及波斯纳的《法律的经济分析》等。

在严格责任原则下,潜在的侵权施害人选择最优预防努力水平 x^* 和最优活动水平 z^*,他的目标与社会的目标一致,只要侵权责任事故发生,他就要支付与侵权损失 l 一样多的赔偿金。在过错责任原则下,潜在的侵权施害人会选择最优预防努力水平 x^*,选择 z 来最大化 $b(z)-zx^*$,即 z 要满足 $b'(z)=x^*$。也就是说,只要 $p(x^*)l$ 为正,则 $x^*<x^*+p(x^*)l$。根据函数 b 的性质,可知 $z>z^*$。活动水平之所以在过错责任原则下超过严格责任原则下的最优水平,可以解释为潜在的侵权施害人提高活动水平的成本就是提高预防成本 x^*,而最优预防成本小于社会成本,即社会成本在最优预防成本基础上再加上 $p(x^*)l$。过错责任原则相比于严格责任原则,$p(x^*)l$ 值越大,过错责任活动水平的成本超出的就越多。

当然,这里同样会遇到法院在裁定最优预防努力水平和最优活动水平方面存在信息困难的情况。相对于只考虑最优预防的情况,最优活动水平的确定显得更加困难重重;本书对此不做进一步的探讨,以便集中精力关注于侵权判决规避问题。

二、传统模型遇到的挑战:侵权判决规避问题

Summers(1983)最先提到这种现象:一个侵权施害人伤害了一个受害人,如果侵权施害人有清偿能力,那么受害人可以诉诸法院请求赔偿;如果侵权施害人业已破产,或者对受害人来说采取行动惩罚施害人的代价极为高昂,那么从受害人的角度来看,侵权施害人相当于消失了,受害人将无法获得补偿。侵权施害人有可能隐匿踪迹,采取预防措施以尽力避免事故发生所产生的影响。一般认为,潜在的侵权施害人越是相信他能够逃避将来的责任,越是缺乏足够的激励去预防事故的发生。Summers(1983)首先使用经济分析方法对这种被告消失问题(problem of the disappearing defendant)进行研究,对于产生这类侵权施害人无法清偿侵权之债的事故种类,具体评价了各种责任原则的相对效率。Summers 对过错责任原则和严格责任原则的差异进行了细致的分析,认为前者相较于后者更有效率。

Shavell(1986)则给出了正式的模型,认为侵权施害人只有有限的资产会对侵权受害者负责,使得他们更经常地从事过于暴露在风险之下的活动,并付出了更少的预防努力。Shavell 将这一问题称为"侵权判决规避问题",即侵权施害人的资产及其购买的保险不足以补偿对侵权受害人造成的伤害,出现无法支付侵权债权的问题。Shavell(1986)运用经济分析模型得到的主要结论包括:第一,责任原则无法为消除风险提供足够的激励;第二,购买责任险的动机是递减的;第三,随着责任险购买幅度加大,过度从事风险活动的问

题可以逐步得到缓解，但如果保险公司监督预防努力的能力不完美，那么预防努力不足问题就会极度恶化。

Shavell(1986)的基本模型主要涉及两方当事人：一是侵权施害人，即致害方，他们可以通过提高预防努力来降低事故概率；二是受害人。与传统的侵权法经济学模型一样，x 表示侵权施害人的预防努力水平，$x \geqslant 0$；$p(x)$表示事故发生的概率，$0 < p(x) < 1$，$p'(x) < 0$，$p''(x) > 0$；$l > 0$，表示事故发生后造成的损失量；$0 \leqslant y \leqslant l$，表示侵权施害人的初始财产；$U(\cdot)$是侵权施害人的财富，即冯·诺依曼和摩根斯坦效用函数，侵权施害人可以是风险厌恶的，也可以是风险中性的。给定这些条件，侵权施害人选择 x^* 的预防努力水平是为了最小化式(1-1)：

$$x + p(x)l \tag{1-1}$$

x^* 必须满足式(1-2)：

$$1 + p'(x)l = 0 \tag{1-2}$$

由式(1-2)求出的 x^* 才是有效率的预防努力水平。从社会角度看，假设存在一个仁慈的独裁者，他如何解决这一问题呢？独裁者将会选择侵权施害人的预防努力水平以及与事故对应的财富水平，直到没有可以进一步提高侵权受害人和施害人效用的其他选择。这里的 x^* 正是这样的帕累托有效解。这就意味着，这位仁慈的独裁者将会全面为风险厌恶方保险。只有这样，风险厌恶方才会最小化事故成本和预防成本之和，才会实现预防努力水平最优。若从事这项活动的收益为 b，则 $b > p(x^*)l$。分析表明，侵权施害人财产不足的情况将会带来三类问题：侵权施害人倾向于过度从事危险活动，不会进行充分的预防；由于缺乏购买责任险的意愿，风险不仅由侵权施害人承担，同时又因行为人财产不足而转嫁到受害人身上；受害人受到侵害但无法得到充分补偿的概率加大。但是，受害人不会自愿地购买这类保险，在这种情况下，Shavell 提出了两类社会政策：第一，政府建立公共保险基金予以保险；第二，要求侵权施害人必须购买最低水平的责任险或拥有最低水平的资产，或者向拥有充足资产的第三方施加代理责任(vicarious liability)。这些公共政策成为之后一再讨论的基础。同时，我们也将传统的侵权法经济学模型作为本书讨论的基本模型进行思考。

三、基本模型的后续扩展

被告消失问题和侵权债权无法受偿问题究其产生原因来说，具有很大的相似性，这一问题被严格的提出并经过分析之后，引起了法律经济学界的重视。Dari-Mattiacci and Mangan(2008)曾对这两个问题进行了梳理，虽然侵权法意欲为潜在的侵权施害人提供预防激励，但如果施害人被告破产或通过其他法律手段逃避而消失，或者侵权施害人的财产不足以清偿侵权之债，就会产生侵权行为无法内部化的外部性问题。

基本模型所揭示的问题，从根本上说是由外生因素决定的，也就是客观情况致使侵权施害人的资金不足，但是 Beard(1990)表明，当投资是以资金形式投入时，企业往往会过度预防，这就把外在的假定给内生化了，即侵权施害人可能内生地选择了规避侵权判决，经由财务决策造成了这样的问题。直观上说，超出现金储备之外的支出，侵权受害人是无法要求的，因此侵权受害人事实上是补贴了公司的现金投资。Beard(1990)检验了潜在的破产威胁对严格责任条件下侵权施害人的预防努力水平选择的影响。当破产切断了企业正常的支出时，相对于社会收益而言，这会减少侵权施害人预防努力所取得的收益，破产的可能性会为预防性支出创造出一种隐性的补贴。这一补贴直接依赖于破产概率，其直观结果是：相对于社会最优水平的预防努力而言，随着财务状况向于己有利的方向变化，潜在的破产侵权施害人可能会降低预防努力水平，而这将会使得侵权受害人的处境更为恶劣。Beard(1990)的研究结果与前述基本模型有所差异，原因有三：第一，Shavell 将预防努力看成是非金钱性质的，但是和一定的金钱等价，因此预防并不会减少支付赔偿的资产额，也不会降低潜在清算所带来的补贴效应；第二，Shavell 将事故成本看成是固定的而不是随机的；第三，Shavell 允许侵权施害人是风险厌恶的，而 Beard 认为预防努力选择和风险态度的关系非常复杂，我们无法证实更厌恶风险的侵权施害人会采取更多的预防努力。

Miceli and Segerson(2003)构建了一个简化的框架，详细分析了严格责任和过失责任原则的应用结果。当预防努力是金钱支出且实施严格责任时，财产不足但比较接近损害总额的侵权施害人往往会付出更多的预防努力，其财产约束并不是必然起作用的。事实上，他们认为，只有在事故没有发生的情形下，预防努力成本才是作为成本而存在的；否则，预防努力成本仅仅是对赔偿资产的一种侵蚀了。① 这样一来，他们的研究结果表明潜在的无法支付侵权债权的施害人之预防努力超过那些有充足财产的侵权施害人。Friehe(2007)也发现了类似情况，在严格责任的条件下，如果个体是风险厌恶的，那么潜在的无法支付侵权债权的施害人会更加努力地预防事故的发生。MacMinn(2002)考察了风险厌恶的个体在严格责任和过失责任两种情形下的行为，发现那些潜在的无法支付侵权债权的施害人在非金钱支出的预防努力条

① 我们可以正式地表述这一问题：预期成本 $=x+p(x)[y-x]=[1-p(x)]x+p(x)y$，而在非金钱支出预防努力情形下，预期成本 $=x+p(x)y$。

件下，严格责任原则会使其进行较多预防；而在金钱支出的预防努力条件下，过错责任原则才会进行较多预防。Friehe(2007)则在MacMinn(2002)的基础上，更进一步比较了当发生事故时，资金充裕的侵权施害人和资产不足的施害人在预防激励上的差别。

Boyd and Ingberman(1994)考虑了预防对伤害所造成的损失程度而不是对事故概率的影响，进一步深化了这一分析。他们认为在严格责任原则下，损失的规模会受到预防的影响，无法补偿的损害额将会引致有效的激励。在这样的情形下，资产规模低于伤害水平的行为人就会采取有效的预防努力。Dari-Mattiacci and De Geest(2005,2006)沿着这一方向，增加了第四种可能性，也就是将概率和事故损失大小做区分，分别进行考虑。

有些学者指出，当施害人为公司时，通过破产来逃脱责任也会破坏侵权法侵权成本内部化的努力。LoPucki(1996)指出，新的证据判别技术能够使得公司不需要资本不足的条件即可规避侵权责任。首先，一家企业可以将风险业务转给旗下的子公司，而法院很少会因子公司的破产而强制执行母公司的资产。Ringleb and Wiggins(1990)更是用证据表明有潜在侵权责任的公司会将风险业务剥离，并组建更小的公司来从事经营活动。这些都是Summers(1983)所指的“消失的被告”的另一种形式的表述。事实上，不少学者在研究一些著名侵权案件(如Exxon Valdez油轮污染阿拉斯加海岸)时发现，这些公司试图与油轮公司签订合同，让油轮公司运送石油从而逃避自身责任。Brooks(2000)认为，针对这些情况，法院应当揭开公司的面纱，追究这些大石油公司的责任。

四、小结

学者们的研究从不同的假设条件以及法律规则设计视角出发，在Shavell(1986)的基本框架下进行了逻辑延展，虽然各自的结论略有差异，但都(至少在经济逻辑上)承认，被告消失问题和侵权之债无法清偿问题的确存在，它们都是对侵权责任法将外部性侵权行为内部化的努力的一种反叛，从而对当前的侵权法规提出了挑战。

但是，这类基本模型的分析并没有终结全部问题，而关于基本模型所得出结论不同的现象，学者也是意见不一。Beard(1990)引领了这样一类文献——结论与Shavell(1986)不同。在针对侵权判决规避问题的分析上，尽管学者们都提出由于该问题的存在，侵权责任原则有优劣之分，并且不能充分减少这一问题的福利损失，但是他们对于有关损失的具体方向和性质存在很大分歧。

在我们看来，基本模型之所以会引发如此之多的分歧，原因有三：

第一，难以在现实层面清晰地描述基本模型所揭示的问题是否存在。也就是说，企业是否会在侵权赔偿不足的情况下做出基本模型分析所预测的决策并不能被我们实际观察到。正是这种可能性的存在，才使得基本模型得出的结果与预期截然相反，令人不知所从。如果严肃地从方法论的角度来看，“看不见则验不着”[①]，上述情况是不符合现代经济学的基本原则的。尽管如此，从后果推断前因，在我们将这样一类侵权赔偿不足企业的后果进行清晰界定之后，理论演绎的思路还是允许我们进行大胆的理论假设。因为是推测性的分析，所以必然要求穷尽一切逻辑可能性，即使结果相反也不违反逻辑一致性，于是在理论探讨上并无不可。

第二，不同模型的分析者提出的假设前提不同。这一点非常重要，与Shavell(1986)相比，后续的很多模型在基本分析方面往往采用了不同的假设，有些可以得出相同的结论，有些则不然。归结起来，不同的假设主要归结为这样几类：其一，是采取概率模型还是采取数量模型。所谓概率模型，是指侵权施害人的预防努力可以影响事故发生的概率但不能改变事故发生后的伤害规模；数量模型则不考虑概率问题，认为预防行为只影响事故发生后的伤害规模。其二，侵权行为主体在风险态度上的差异。Shavell(1986)采取的是风险中性假定，虽然后来他也分析了风险厌恶的情形，但是并没有根本性地改变其结论。后续的不少研究认为这种假设所得出的分析结论并不充分，需要继续深入探讨。其三，是否加入其他制度条件，比如诉讼成本、破产侵权赔偿之后的清偿顺序等制度性假定。有关这方面的深入分析尚且不多，李井奎和史晋川(2010)就是这方面的一个尝试，而这一问题也是本书后续部分的重要工作之一。此外，关于预防努力的性质也应当做不同的界定。在Shavell(1986)和Pitchford(1995)两篇经典文献中，预防努力均被假定为无须支付金钱，只需小心谨慎即可。显然，这并不符合现实。本书在基本模型上所进行的扩展，正是以放松这一假定为前提的。

第三，基本模型从未涉及事故发生之后对于事故的处理问题。事实上，有些研究认为，事后的事故处理方式也会影响事前的最优机制。这方面的文献目前很不充分，在2011年的美国经济学年会上，Sproul and Zilberman (2011)就提出了这方面的质疑。我们认为，这将会是该领域下一步的主要工作之一。

综上所述，基本模型从提出到现在已经三十多年，但是人们并不完全认

① 参看张五常的《经济解释(修订版)·第一卷·科学说需求》中对方法论问题的讨论。

同这一问题的基本逻辑，几乎没有人会质疑这类侵权损害赔偿不足问题的存在，但关于内在机理，人们的认识仍然存在分歧。我们希望能够通过进一步的研究，廓清逻辑的迷雾，逐步明晰这一问题。

第三节　问题的根源：大规模侵权、有限责任与道德风险

一、后工业化时代的风险社会

现代社会充满各种各样的风险。与传统社会不同，这些风险不仅仅来自大自然，更多的来自人类自身，而且后者越来越成为风险的根本性来源。在工业革命之后，人类对自然的认识不断加深，对于传统社会各种风险的分布状况也渐渐有所掌握，这使得人类开始自认为掌控了自身的命运；然而吊诡的是，人类行为本身也加重了来自自然界和人类社会的风险，尤其后者更是人类始料未及的。德国社会学家乌尔里希・贝克认为，人类正生活在文明的火山上(2004)。历经启蒙期人类理性的苏醒之后，发达的现代性体系最杰出的创造就是为人类社会带来巨大财富的生产系统。然而，生产力的极大增长也使得危险和潜在的各种威胁的释放达到一个前所未知的程度。按照乌尔里希・贝克的说法“科学和制度建立起来的风险计算方法崩溃了”，即财富的增长和风险的发生是正相关的。工业社会的风险不再单纯表现为自然界的“震怒”，相当一部分风险来自现代科学技术和不良市场制度体系的负面影响，在医疗、食品、生产环境、电、汽车、核辐射等一系列技术环境的背后，是人类自我创造的诸多风险。而近年来日本福岛核泄漏事故更是自然灾害与技术灾害相结合的双重风险放大的典型事例。正是由于这种风险社会的特征，风险的不可控性才给当今侵权责任法以重要的一席之地。Priest(1991)在论及侵权责任在现代社会扩展时表明，自 20 世纪 70 年代以来，侵权责任已然得到大大的扩展，在生活的各个方面极大地影响了美国人民的生活。这是我们讨论的被告消失和侵权之债赔偿不足问题之所以产生的时代背景。

这里姑且将风险进行分类，我们把来自自然的风险或者人们无法预见的风险归为第一类，而把来自人类自身，基于谨慎态度可以相对予以控制的风险归为第二类。或者将前者称为自然风险，将后者称为人为风险。这种分类过于简单，因为第一类风险中也有很多是人类自己造成的。

虽然本章主要关注第二类风险，但是两类风险都可能造成极大的侵害后果。大范围的侵权现象通常会被归为大规模侵权问题。大规模侵权并不是一个法律用语，而是用来指称这样一种情况：极大数量的侵权索赔都是由同

一起事件或者使用同一个产品所造成的(Cooter and Ulen,2012)。Nagareda(2007)研究认为,大规模侵权有这样几个显著的特征:受害人众多、地理分布广、历时长、事实情况(factual patterns)复杂。大规模侵权现象在20世纪末之所以备受各方关注,除了民法程序和侵权法的理论发展以及政治维度的原因,工业化显然是最显著的因素。可以说,大规模侵权是工业化的副产品。产品的系统化生产以及产品销售的空前规模,使得侵权伤害的范围被这种工业化和现代性的市场体制放大了。任何小的缺陷也会因这种大规模生产和销售而扩展到更广阔的消费者群体中。大规模侵权不断提醒人类——他们对这个世界的掌控是不完美的。有些学者在这个方向上甚至走得更远。Hanson and Kysar(1999)认为,大规模市场化的需要为生产商在与其产品有关的风险方面误导消费者提供了激励。不管这种认识是否为一般性的事实,大量的大规模侵权事故发生的确是客观存在的现象,其中影响最大的就是绵延数十年、导致数十家公司破产的石棉破产案。石棉具有很好的防火功能,由此成为颇具价值的建筑材料。直到1979年被美国政府切实禁止之前,石棉一直被广泛使用。禁止使用石棉的原因在于石棉对个人健康极具危险性,吸入石棉会使人们致癌,但是疾病潜伏期很长。White(2004)的数据告诉我们,截止到2002年年底,大约有73万人向超过8 400个被告提起诉讼,要求赔偿的总金额估计高达740亿美元。由于要承担事故责任,大约有85家公司已经提出破产,多家保险公司也因此而陷入财务危机。而且,侵权受害人还在不断增加,最终可能达300万人之巨,诉讼成本更为惊人,Carroll et al.(2004)估计可达2 000亿—2 500亿美元。当大规模侵权事故发生后,无论风险的来源是当事人的故意还是疏忽,一个重大的问题都会摆在侵权责任法的面前:涉案企业的资产根本不足以赔偿侵权受害人的损失,更遑论惩罚性赔偿金了。大量企业破产造成了被告消失的局面,甚至很多企业在事发之前就将自己公司的全部资产抵押,从而在事后借助破产法侵权赔偿顺位的调整而逃脱责任(Che and Spier,2008;李井奎和史晋川,2010)。此外,预先通过金融安排选择企业组织形式,从而逃避侵权(债权)导致的财务危机也是常用的一招。在很多商业环境里,破产法只是一个现成的程序包,并不能有效地防范事前这种组织形式的金融安排。正是由于这类现代市场社会的风险特征以及法律体系在彼此制约上的缺憾,大规模侵权行为问题的解决往往非常棘手。

二、有限责任:一柄双刃剑

大量侵权行为无人负责的情况还是公司法一项基础性原则——有限责

任——带来的结果。应该说,作为公司法的基石之一,有限责任原则对现代市场社会的发展居功甚伟,正是经济合理性为这项原则奠定了合法基础。有限责任原则能够分散化投资者的风险,使得大规模的商业计划成为可能;它还能够降低在特定企业内部对投资的监督成本,个体投资者可以将资金通过购买股票的方式投资于多个企业,建立投资组合,从而分散风险。两个方面的优势综合起来,有限责任原则"为现代产业革命提供了资本积聚的现实基础"(Cook,1921)[①]。但是,公司法不断受到现代社会对这项原则的挑战。各类事故、大规模侵权、环境破坏、商业欺诈等,都引起了广泛的争论(Green,1993;Hansmann and Kraakman,1991)。过去四十年多,对于公司侵权的有限责任局限招致了大量的批评。这些批评者认为,有限责任原则产生了很多负外部性,鼓励了有社会伤害性的公司行为(MacLeod,2007)。从历史上看,有限责任原则旨在保护公司契约责任中的股东以及那些自愿成为公司债权人的权利,但是这种保护意图并没有涉及侵权责任和非自愿的债权人(Leebron,1991)。有些批评者认为有限责任原则压根没有什么规范性质或者历史合理性作为基础,建议公司法改革的目标应该是将公司有限责任原则排除在公司侵权情况之外。Halpern et al.(1980)甚至建议,无论是侵权诉求还是合同诉求,那些小公司应当全部适用无限责任原则。

有限责任原则的确赋予了某些债权人比其他债权人更多的权利。根据是否签约,我们可以把债权人分为两类。一类是事前的签约债权人,这类债权债务关系的产生是由于企业与债权人之间存在合同关系,因此这类债权人的权利往往可以在事前通过合同得到保护。一旦公司代理人发生与合同条款不符的行为,签约债权人就可要求赔偿,而且这种合同债权的赔偿并不以有限责任为限;与此相反,侵权受害人属于非签约债权人,这类债权人通常无法预期自身可能遭受的伤害,或者即便可以预期但交易成本也极为高昂。这样一来,侵权受害人就无法与公司进行议价:一是不能给公司创造激励,从而第一时间避免侵权伤害行为的发生;二是不能为了激励公司,令其为侵权受害人提供足够的赔偿。总而言之,签约债权人可以通过有限责任原则为自己要求更多的风险溢价,而侵权债权人无法如此,因此一旦发生侵权伤害,就极易出现侵权受害人无法受偿的现象。被告消失以及侵权之债无法受偿的制度根源,就公司法的层面而言,就可能源于有限责任原则。

---

① Cook教授还有一段解释有限责任原则重要性的论述非常著名:"对公司债务的个人责任以其股票出资额为限,在工业化的世界,这创造了大量奇迹。如果像这样的自由不存在,公众就不敢去买股票,因为他们要为公司的债务负担最终责任。不过,这种责任的有限性,是指在出资额以外的有限性。"

三、道德风险:直接机制

大规模侵权是风险社会的表征,公司的有限责任原则说明现有的法律体系在公司法层面存在一个悖论:促成现代市场社会发展的法律基石也成了现代社会的法律难题。这一切都是通过企业这种市场组织集中体现出来的,风险的存在以及侵权的现实发生,往往通过企业——这一现代市场组织中坚而得到发挥。对于企业来说,通过内部行为降低交易费用,是其胜于市场的一个重要优势。但是,基于代理观,企业在解决信息不对称问题上同样会出现道德风险问题,尤其是在有限责任原则下。企业由有资金约束的企业家所掌控,他拥有关于企业的内部信息,从外部债权人处借得资金并经营企业。在有限责任原则下,这会产生道德风险,一旦项目成功,企业家获得资金,签约债权人就可以根据合同获得回报,其努力程度将受到企业资本结构的影响(Brander and Sperncer,1989)。但是,由于企业家的行为与绩效存在不确定性,企业家就有着道德风险动机。解决道德风险问题的方法主要有两种:一是购买保险,在整个社会平摊这种不确定性带来的后果;二是限制经济参与者必须承担的责任程度。有限责任条款通常会写入私人合同,世界各个国家都有破产法,从而允许人们或者公司能够仅仅负担有限的财务责任(Sappington,1983)。Innes(1990)最早利用最优债务合同分析这一问题。Holmstrom and Tirole(1997)与Innes(1990)采取的方法都强调财富约束的重要性,认为代理人的有限责任使得债务在引发不确定性的努力方面成为一个威力强大的工具。有关资本结构方面的文献对此也有论述(Myers,1984;Myers and Majluf,1984)。Poblete and Spulber(2009)进一步建立了风险中性和努力不可观测的假设下的代理模型,认为道德风险的无效率是由作为代理人的有限责任所导致的。他们给出了最优合同的充分条件和必要条件,并就债务比例进行了推导,认为债务比例与公司发生意外的概率相等。这些模型虽然和我们讨论的问题并不直接相关,但都探讨了有限责任原则下的道德风险问题。不可否认的是,无论这些模型的假设和结论如何,侵权之债势必是这类道德风险问题的副产品。如果不存在不确定性或者信息是完全的,那么无论是自然风险还是人为风险所造成的侵权,都可以由诸如法院之类的第三方验证,由此道德风险问题不会存在,而侵权风险也可以被明确地予以合同化,本章所讨论的问题也就不存在了。但是,正是由于现实世界无法保证这类完美的前提,以至于道德风险问题广泛存在,使得风险外部性内部化的努力变得具有普遍意义。

四、小结

正所谓"福兮，祸之所倚；祸兮，福之所伏"。自文艺复兴以来，人们在大自然面前解放了自身；经历17—18世纪的启蒙运动之后，人类的理性彻底解放了人类自身，世界处于马克斯·韦伯所称的"祛魅"过程。正如哲学家康德所说，启蒙就是人类敢于拿出理性的勇气来回答这个世界的问题，而不再需要借助于神祇和权威；启蒙是指人类摆脱蒙昧的、不成熟的状态。启蒙运动时期的先贤们渴慕理性，渴望建立一个科学的世界体系和人类秩序，表现出人类精神中最为伟大的一面。没有启蒙，就没有现代社会，就没有当今精神意义上的我们。然而，启蒙对整个世界的改造，必然伴随着人类在风险控制方面的突出变化，人类的行为增加了世界运行过程中的不确定性，通过庞大的市场社会传导机制以及现代社会的经济主体——企业——放大了其影响经济和社会的不良后果。

现代企业组织建立在分散投资风险的有限责任原则之上，可是在大规模侵权行为下，有限责任原则显然成了少数人伤害他人的庇护所。有限责任是公司法的基本原则，其历史意义自不待言，然而在现代风险社会的特征下，我们必须对这一原则加以深刻反思，有效预防大规模风险的发生，并就侵权行为的广泛存在做出有效的甄别；否则，有限责任原则作为一柄双刃剑，也可能会伤害到市场经济本身。有效的法律制度设计或许可以缓解企业内部的道德风险问题，但事实上，道德风险问题的存在是造成本书所讨论问题的直接机制。现代社会的风险特征一部分来自人类无法控制的自然风险，而更大一部分则是人为造成的，市场社会的经济主体（企业）就是其中的主要力量。因此，我们需要分析企业主体的经济行为并设计完善的制度，以确定道德风险问题发生的根源和条件，并讨论解决之道。而对于不确定性带来的大规模损害赔偿问题，我们必须探讨行业规制之道，以更为合理和符合效率地解决问题。

第四节　现有的救济方案：从替代责任到最低资产要求

对于我们关注的侵权之债赔偿不足问题所造成的预防激励不足，有几类政策已经做出回应。

一、替代责任的有效性

如果还有第三方能够对资产不足一方的行为有所控制并且资产不足的

一方还可以直接影响风险,那么第三方必须对资产不足一方所产生的损失负代理责任,这样替代责任方就可以降低风险(Shavell,2007)。替代责任是指将责任强加于与侵权施害人有关的一方,他可以对侵权施害人的行为予以某种程度上的控制。替代责任形式非常广泛,比如父母应对子女对他人造成的伤害承担责任、承包人应对次承包商所造成的伤害承担责任、企业应就其雇员所造成的侵害负责等。关于侵权替代责任的最初议题仍然是科斯问题:如果委托人和代理人能够根据协议重新配置彼此之间的责任,那么在委托人和代理人之间的责任配置为什么会如此重要?替代责任的基本分析框架是由Kornhauser(1982)和 Sykes(1981,1984)借助委托—代理模型发展出来的,这一基本分析框架将代理人的破产清算以及事故各方责任能力的限制作为基本的条件来支持替代责任假说。

Kornhauser(1982)、Sykes(1984)和 Shavell(1997)认为,当在代理人资产和预期侵权责任之间存在较大差距时,对于这类侵权事故实施替代责任更可能提高社会福利。有两个主要的原因使得替代责任可能成为社会所期望的一种解决方案:一是侵权施害人可能对于减少伤害缺乏正确的信息,而替代责任方可能拥有良好的或者至少更好的信息,能够影响侵权施害人降低风险的行为。比如,企业可能比雇员更理解有毒物品的危险性,所以企业必须对雇员倾倒有毒物的行为负责。二是替代责任有助于消除侵权之债赔偿不足问题。在替代责任条件下,替代责任方的资产和侵权施害人的资产同样暴露在风险中,从而给替代责任方以激励去降低风险或者缓和侵权施害人的活动水平。替代责任方在影响风险或活动水平方面有以下几种方式:第一,替代责任方可以直接影响侵权施害人的行为;第二,代理责任方可以采取预防措施,以改变侵权施害人带来的风险;第三,有时替代责任方可以控制代理人的活动参与行为,因为他们可以像“守门人”一样撤回投资或者提供必需的服务,从而阻止侵权施害人施行侵权活动(Kraakman,1986)。

但是,即便委托人具备承担侵权责任的能力而代理人不具备这种能力,替代责任原则可能是也可能不是有效方案。从有效性上看,替代责任的效率随着委托人监督和控制代理人冒险行为的能力而变化,这种能力越大则效率越高。显而易见的是,如果没有替代责任,个人责任下破产的代理人采取预防措施的激励是不足的,因为他们缺乏支付侵权赔偿的财产(Sykes,1981;Shavell,1997)。此外,在这种情况下委托人也没有动力促使代理人采取更多的预防措施,因为他们所支付的责任成本很小。这样一来,在纯粹的个人责任原则下,破产的代理人使得企业很少采取预防措施,而风险活动又过多,企业甚至会从事一些不正当的活动。相反,如果委托人需要承担替代责任,这些委托人就会寻求机会控制代理人的行为，以便使其达到最优预防标准(Shavell，2007)。当然，Epstein and Sykes(2001)和 Posner and Sykes(2007)的研究也表明，当委托人监督代理人行为的能力受限时，替代责任原则就不一定是有效的方案。除了推动委托人通过监督和预防措施控制代理人的不当行为，替代责任也可以迫使委托人将有侵权判决规避问题的代理人的不正当行为的成本内部化。在其他条件不变的情形下，替代责任原则迫使企业将其不正当行为的成本内部化，从而带来生产的社会最优规模，即企业活动的社会成本和私人成本相等(Shavell，1980；Kramer and Sykes，1987)。这样一来，即便委托人无法控制代理人的预防努力程度，替代责任也可以保证他们至少要面对错误行为的全部预期成本，从而不会产生太多的风险活动；当然，其条件是代理人将承担潜在伤害的全部责任(Polinsky and Shavell，1993)。需要强调的是，有关替代责任正当性的假设建立在理性的、效用最大化的行动者假设之上。Croley(1996)和 Schwartz(1996)指出，这种正当性应该以有限理性或者有缺陷的理性(defective rationality)为基础，尤其是关于公司代理人这一方面。他们认为，有缺陷的理性使得替代责任原则对任性的代理人激励不足，很多诸如破产或关于制裁的外部约束也会限制替代责任原则的效力。这种讨论虽然很有意思，但是很难形成统一的框架，只能停留在个别案例的分析上，在范式方面的作用远远不如理性范式。

二、对严格替代责任的反驳及理论扩展：文献性评论

尽管在很多情况下替代责任倡议几乎有压倒性的优势，但是仍有一些不和谐的声音存在。那些知识丰富且资本充裕的代理人对于企业侵权应承担全部责任，无论是出于激励动机还是风险承担动机都应当如此。Sykes(1984)注意到，将责任施加于无法监督代理人的委托人身上是不可能降低事故成本的，而且还会切实降低代理人在严格个人责任原则下的预防努力水平。Epstein and Sykes(2001)还表明，不论在消除不正当行为中替代责任的优势如何，它都明显提高了管理侵权责任体系的成本，也增加了诉讼过程中更多的被告所带来的诉讼成本。Arlen(1994)指出，委托人在为代理人的故意侵权行为承担替代责任时，会产生不正当的激励动机，并且还会提高执行成本。当代理人的不正当行为难以察觉时，其委托人在监督代理人方面相比第三方可能有一定的优势。然而在替代责任体制下，委托人并不能实现最优的监督，甚至根本无法监督，因为委托人通过监督所获得的信息很可能提高了他承担替代责任的概率。道理十分明白：提高监督水平会降低委托人通过加强其预防或消除代理人不正当行为能力而产生的预期责任成本，但是监督

水平的提高也会通过代理人不正当行为被发现概率的上升而反过来提高委托人的预期责任成本。此外,对于政府机构、非营利性企业或不受市场约束的基金,由于无法切实了解委托人的出资状况及动机,确定其替代责任几乎是不可能的。Posner and Sykes(2007)表明,国有部门为其代理人或公民承担责任可以产生有效的政治监督水平,却不可能在社会层面达到对于监督的最优投资。Kramer and Sykes(1987)进一步表明,替代责任原则在管制那些于市场环境之外运行的委托人时表现不佳。到目前为止,尚没有证据显示替代责任原则在上述三类委托人情境下运行良好。

关于替代责任原则的缺陷,也有正式的模型讨论这一问题。Pitchford(1995)开发了一个模型并证明,当存在侵权之债赔偿不足的企业且其预防努力难以契约化时,提高外部债权人(如借款人)的责任对提高事故发生次数有着意料之外的效果。这个结果表明,政策制定者应当审慎对待替代责任原则。根据Pitchford(1995)的模型,一个替代责任签约方会向低资产方索要一定数额的资金,从而反映替代责任方的责任风险;这一金额本身又会减少低资产方的资产,反而恶化了侵权之债赔偿不足问题。Pitchford(1995)关注的是企业及其融资提供者的关系,这一思路被Boyer and Laffont(1997)沿用。

Boyer and Laffont(1997)认为,要求融资提供者承担责任会使得那些对社会有益的项目无法融资成功,从而造成社会无效率。他们主要关注大规模的环境侵权,针对一时甚嚣尘上的将侵权责任扩展到借贷者和其他投资者的观点,并对这种观点进行推理分析。一旦扩展侵权责任成为事实,这一责任就会影响到借款合同,也会影响到金融市场的运作。这对信贷的可获得性将是一个很大的挑战,而资本成本和投资水平也会发生很大变动。当然,这类政策的确可以提高对环境的保护,也可以保证受害人得到充分补偿;但是从整个社会的角度看,总体福利水平并不会因此而提高。Heyes(1996)也表明,提高责任将会改变贷款申请者之间的联营。有学者认为,将责任扩展并且把更多融资者的财富暴露于风险之下,在委托人拥有讨价还价能力的优势(Balkenborg,2001)或者伤害技术远比Pitchford(1995)讨论的更为复杂时(Lewis and Sappington,2001),上述做法显然有正向价值。这些文献详细表明了对于责任原则,最优的私人契约应当如何应对。然而,这些文章并未充分讨论。对于私人契约的管制措施,因为管制者关心的唯一问题是效率而不是抽租(rent extraction)问题。Boyer and Laffont(1997)是一个例外,他们对抽租问题给出了分析。此外,这些文献中唯一的公共政策就是事后责任原则治理,这就很难勾勒出限制责任扩展的成本或者责任扩展对基本经济活动的福利影响。Hiriart and Martimort(2006)与这些文献不同,他们探讨了管制对私人部门抽租所带来的社会成本,在更一般的层面上,契约管制政策应当既包括事故发生后的罚款,也包括观察到良好后果时给予奖励。他们的研究表明,在管制者不能控制私人契约时,代理成本会加剧问题的严重性,从而可以刻画受管制契约不完全情况下委托人在财富方面的基本条件。

Hiriart and Martimort(2006)详细探讨了责任扩展的优点,对企业的最优管制进行了良好的刻画:企业(即代理人)受到有限责任的保护,并通过契约与股东(即委托人)相联系。预防努力水平既依赖于管制型契约的不完全性,也依赖于委托人和代理人之间议价能力的分配。当私人契约受到管制时,委托人的财富是否要对事故负责并没有意义;当私人契约无法得到良好管制时,情况就大不相同了。他们认为,由事后的扩展责任治理对不完全管制进行制度补充,有时可以达到次优结果。但是,在不完全管制条件下,奖励和罚款给予管制者很大的自由裁量权,从而为管制者提供很大的激励空间(Laffont and Tirole,1993)。

替代责任也是严格责任的一种形式,委托人要对代理人的责任负责,即委托人相当于代理人。的确,委托人和代理人的利益经常是一致的,但正如激励理论所揭示的,事实上委托人和代理人各自的目标有着冲突(拉丰和马赫蒂摩,2002),因此我们必须考虑委托人责任和代理人责任之间的相互作用。Polinsky and Shavell(1993)观察到,当侵权的社会成本极大时,委托人可能无法对代理人予以严厉制裁,以促使代理人采取最优的预防努力。比如在三鹿奶粉事件中,问题奶粉的社会危害如此之大,作为股东和债权人的委托人已经无法对企业管理层予以充分的制裁以实现产品的正常安全水平。为此,Polinsky and Shavell(1993)提出对代理人追究刑事责任。

除了这种严格的替代责任,很多研究者还提出过失替代责任治理以及复合替代责任治理。只有当委托人无法采取合理的措施去防范代理人的不正当行为时,过失替代责任原则方才适用;若不存在过失,则委托人无须支付全部的成本(Sykes,1984)。Arlen(1994)和 Chu and Qian(1995)给出这样的分析:委托人可能因不愿意承担替代责任而不充分地监督代理人。在这种风险下,如果委托人能够充分表明自己不存在过失,根据过失替代责任原则可以不予承担责任或者少承担责任的话,那么他对代理人的监督激励就会加强。过失替代责任原则的不足之处也很明显,Kramer and Sykes(1987)曾指出,过失替代标准使得委托人只是消极地达到标准,而不是主动地进行更为有效的管制。如此一来,委托人就不能尽可能地将侵权成本内部化了。Bisso and Choi(2008)还指出,在判断侵权代理人的过失时,往往会出现司法错误,这将减少委托人投入监督和控制代理人方面的努力。Arlen and Kraakman(1997)

主张一种复合的替代责任治理以弥补过失替代责任的不足,其立论基础是:过失替代标准方面的司法错误将会不可避免地产生超过不正当行为社会成本的责任,因此复合替代责任可以尽可能地将所有侵权成本内部化。所谓"复合替代责任"是指事故责任在委托人和代理人之间的划分,可以由契约形成,也可以是法律强制的外在标准。

三、公司侵权的 Hansmann-Kraakman 方法

1991 年,Henry Hansmann 和 Reinier Kraakman 在《耶鲁法律评论》(*Yale Law Journal*)上撰文呼吁支持对于公司侵权使用比例无限责任的提议。他们的观点非常明了:给定工业和法律技术方面的进展以及当前公司侵权责任法的无效率,基于效率和公平的要求,采取一种新型的、无限责任的治理方式应对公司侵权行为是合乎情理的。除非有事前基于各方的自愿性契约治理安排,否则其他的公司侵权均应以新型无限责任方式进行治理。

Hansmann-Kraakman 方法突破了近百年来被广泛接受的公司法有限责任原则,这一建议对于防止企业因滥用有限责任而引起的道德风险所造成的侵权危害以及对侵权债权人的保护都有着重要的意义。Hansmann-Kraakman 方法提出之后受到了广泛的关注,既有来自学术界的,也有来自司法界的,其中也有一部分批评者。这些批评基本上可以分为两类。第一类批评涉及该建议应当如何执行,以及执行的话会遇到哪些困难(Alexander,1992)。Alexander 认为,这一设想严重低估了程序方面的障碍,这些障碍将使得 Hansmann-Kraakman 方法变得无效或者大大加重其执行成本。第二类批评则怀疑 Hansmann-Kraakman 方法的执行能否切实实现其目标(Grundfest,1992)。由于 Hansmann-Kraakman 方法给公众公司的股东增添了负担,因此股东必然会索要更高的回报,否则就会因害怕承担责任而收回投资。Grundfest(1992)认为,Hansmann-Kraakman 方法只会增加交易成本,并不能实现股东将侵权责任内部化的目标。按照 Hansmann-Kraakman 理论,股东的有限责任还应当是公司法的基本原则,不过这仅仅适用于企业的合同之债,而比例无限责任原则适用于公司侵权造成的侵权之债,但是违约责任与侵权责任经常出现所谓的"竞合现象"。责任竞合的情况应该适用哪一种原则让人颇费思量。同时,由于有限责任已然根植于各种法律制度,侵权法与公司法及破产法必然相互冲突。

Kahan(2009)考察有限责任的历史,综合而全面地评价了 Hansmann-Kraakman 方法。他认为,就当前的目的而言,Hansmann-Kraakman 建议的效率标准并不比其赖以存在的历史前提更重要,该方法缺乏历史依据。到目

前为止，Hansmann-Kraakman 方法仍然停留在建议层面，并未被美国各州法律采用。

四、最低资产要求的救济方案

在那些有潜在可能对社会造成重大侵权伤害以致这种伤害将会造成赔偿不足的情形下，是否可以对这类企业的资产进行合理的限制——这就是 Shavell(2005)的基本考量。

Shavell(2005)认为，如果潜在的侵权施害人会对自己是否从事某类活动进行事前评估，一个原则性的、合理的最低资产要求和责任险标准可能会对降低风险具有很强的激励。Shavell(2005)开发了一个标准模型进行分析，模型中的个体要做出两个决策：是否从事一项有潜在伤害的活动；如果从事了该项活动，那么应该花费多少预防成本来降低伤害风险。当个体的资产与其可能制造的预期伤害相等时，最低资产要求和责任险标准就是最优的。潜在侵权施害人只会在预期收益高于预期伤害时才会开展这项活动，而一旦开展这项活动，他们就会选择最优的预防努力水平。正如前文所述，尽管预期收益较大，但是因为预期伤害仅以自己的有限资产进行赔偿，从而产生赔偿不足的侵权判决规避问题。此时潜在的侵权施害人会过度从事有风险的活动，因为他个人面对的预期收益和预期损失(伤害)并不对等，从而缺乏激励采取最优预防。这就为最低资产要求提供了合理的逻辑。不过，最低资产要求固然缓解了过度从事风险活动的问题，但其仍有负面的效果。有些个体的资产低于标准要求水平，但也应该从事这一具体的项目，因为他们获得的收益将超过预期损失(伤害)，尽管这种预期伤害超过最优的水平。由此可见，最优资产要求需要在其优劣两方面进行权衡。

最低资产要求作为一般性的救济方案，在解决侵权赔偿不足问题上的确是一种先前未经良好审视的方法，而且这种最优性的最后确定也未曾得到验证。不过，Pitchford(1995)简单地考虑过资产要求，把它当作引致投资者提高自身公司权益的手段。在他的模型里，资产要求使得潜在侵权公司的所有者投入了更多的资本，这就使得公司进行更高水平的预防投资。将 Pitchford(1995)与 Shavell(2005)对比来看，二者显然是不同的，后者主要考虑最低资产要求可以阻止那些低资产的投资人进入这类风险领域。

多篇文献也提及强制责任险，以解决这类侵权赔偿不足问题。Shavell(1986，2000)、Jost(1996)和 Polborn(1998)都指出，责任险要求可以改善是否从事一项活动的决策效果，而且如果保险公司能够观察到预防努力，强制责任险就可以提高预防努力水平。但是，强制责任险政策并没有考虑责任险要求可能会恶化从事项目活动的决策,并不能充分分析当保险公司无法观察到预防努力时的道德风险行为。另外,Cohen and Dehejia(2004)还对强制责任险进行经验分析,研究表明强制责任险的执行结果似乎并不如理论预设的那么乐观。

Che and Spier(2008)比较全面地考察了解决侵权之债赔偿不足问题的各种方案,他们构建的基本框架引入了破产清偿顺序。在他们的模型中,企业家为了从未来的侵权受害人那里转移资产,会将自己的资本以较低的价格进行证券化,他们有很强烈的动机使用高于侵权之债的其他债权进行融资。在借贷总额不变的情形下,企业家使用高级债权融资是社会最优的,因为高级债权会使得企业采取较高的预防努力,由此产生相对多的社会剩余。但是,考虑到企业家个人目标与债权人目标之间的冲突,这种借贷又会出现过度的倾向性,从而导致预防努力水平下降。Che and Spier(2008)认为,诸如替代责任以及侵权之债优先受偿不一定是社会最优的。在这种讨论的基础之上,他们结合最低资产要求这一建议,提出所谓的有限优先权原则。有限优先权原则允许高级债权只能达到某一个上限,从而限制了侵权所导致破产的免于赔偿资产范围。Che and Spier(2008)认为,该方法防止了资产过度杠杆化,也为预防努力创造了最高的激励水平。当然,他们只是集中讨论企业的资本结构选择,关注破产政策的策略性使用。虽然这表明社会期望对这类策略性的导致侵权之债无法受偿行为进行管制,但关于具体的管制方式和管制程度仍有待进一步探讨。李井奎和史晋川(2010)基于 Che-Spier 框架,继续探讨了在我国发生此类现象的内在机理,给出了针对相关救济方案的讨论。

五、小结

通过对侵权损害赔偿问题的救济方案进行文献梳理,我们得出这样一个不甚乐观的结论:对于这一问题,目前尚缺乏根本性的解决方案。之所以出现这一结果,有以下几个方面的原因:

第一,这一问题的存在挑战了现有各类侵权法的理论基础。我们总是在某一理论的框架之内进行制度设计或者讨论法律条款,这样往往无法给出合理的解决方案,原因在于这些理论的框架基石本身有所动摇。因此,在此基础上期望得到一个完美的解决方案并不现实,这也正是理论需要改进的原因所在。

第二,这一问题是现代社会出现的新现象。虽然历史上各个发达国家不断出现类似的案件,但是究其规模和深度而言,现代社会侵权损害赔偿不足问题显得尤其突出。法律体系往往是一个系统性的社会工程，牵一发而动全身，需要各个法律部门之间不断的演化和协调，以取得逻辑上的内在一致。因此，解决该问题所带来的改革工程不是部门法所能完全涵盖的，需要深入分析问题的法律意涵，然而世界各国的法律体系往往各具特殊性，全面、彻底、完美地解决这一问题尚待时日。

第三，这一问题的起因往往各种各样，寻找一个能够解决各类不同原因引起的侵权判决规避问题的方案往往不是那么容易。因此，这不但是一项系统工程，更是一项循序渐进的工程。也就是说，社会需要逐渐积累足够多的案例和足够长的试错过程，从中寻找规律，才能发现最优的解决之道。正如诺贝尔经济学奖得主埃莉诺·奥斯特罗姆通过分析世界各地、各国历史上解决公共地悲剧[①]的方案，找到公共事务的治理之道一样，对于侵权判决规避问题，历史演进的试错方案和逻辑推理的学术研究应当相互借鉴，彼此共同促进。目前关于这一问题的实践方案尚未演化出最终的完美结果，解决尚待时日。但是，在一个国家具体的法律框架和社会实践环境下，我们可以尝试探索解决之道。这也正是我们研究这一问题的一个方向所在。

第五节　结　　论

企业侵权行为是一种负外部性的表现。由于侵权行为往往在事前无法精确地预测；或者即使可以预测，与事故各方缔结合约的交易费用也非常高，使得科斯定理的契约性结果难以成为现实，因而侵权责任法就有了存在的合理逻辑基础。侵权责任法通过责任原则的运用，使得相关事故各方在事前能够有所预期，从而激励各方采取合适的预防努力。对于这种负外部性，现有的理论思路一般着眼于事后的治理——基本的理论思路仍然来自庇古(1920)[②]，即通过惩罚性赔偿以及事故发生之后的侵权赔偿把这种外部性内部化。

面对公司侵权，公司资产不足赔付可能成为其最大的障碍，而且这在法律上也是一个制度缺陷。近年来，这一问题开始引起法学界研究者的关注。韩长印和韩永强(2010)强调指出，自2009年我国《侵权责任法》颁布以来，

① 公共地悲剧，又称公地悲剧，英文为tragedy of the commons，是指一种涉及个人利益与公共利益对资源分配有所冲突的社会陷阱。“公地悲剧”的提法起源于19世纪讨论人口的著作，1968年美国生态学家加勒特·哈丁(Garrett Hardin)界定并延伸引用这一概念。

② 指亚瑟·塞西尔·庇古(Arthur Cecil Pigou)1920年出版的《福利经济学》。

"我国由《民法通则》《企业破产法》《合同法》《物权法》和《侵权责任法》共同构筑的债权受偿顺位框架图谱基本形成，其核心内容表现为担保物权绝对优先与普通债权平等受偿两项原则。"[①]虽然我国已经建立基本完善的社会主义法律体系，却没有充分考虑到随着社会经济的发展，越来越多甚至越来越大规模的侵权债权的出现。即便是2009年年底颁布的《侵权责任法》，也同样没有具体考虑侵权债务人破产所出现的被告消失现象以及侵权之债无法受偿的损害赔偿原则，而只是将这一问题抛给《企业破产法》。然而，破产法作为一种程序法，其中并没有从根本上保护侵权之债的实体性的法律规定，这也就为侵权法律的变革提供了一个契机。

现有的关于财富约束下公司侵权行为的法律经济学分析，尚且没有对此给出令人满意的答案，并且对于相关救济问题的分析缺乏统一的框架，我们有必要整合这些分析的各个方面。这些分析往往关注其中一个方面，对替代责任的关注往往忽视破产法的清偿顺序，关于最低财产要求的标准设定则没有充分关注融资结构差异带来的不同后果。因此，要分析财富约束下公司侵权行为的激励效果，必须综合考察多个方面，并在这个基础上构建一个全面的框架。在近期的文献中，Tirole(2010)已经在这方面做出了尝试。此外，将公司侵权的财富约束所导致的策略性破产与发展中国家中广泛存在的规制以及规制俘获问题相结合这一方面，现有文献对此的关注还很少，基本上没有文献对发展中国家尤其是转型国家的治理现实和法律实际进行全面的考量，从而在制度设计和治理完备方面都缺乏深入的探讨。在这些方面，我们还需要进一步地开展相关研究工作。

---

① 《民法通则》《合同法》《物权法》《侵权责任法》均已随2021年1月1日起施行的《民法典》而同时废止。

第三章　不确定性条件下侵权判决规避问题的模型扩展

大多数人对于自己的才能总是过于自负。这是历代哲学家和道德家所说的一种由来已久的人类通病。但世人对于自己幸运的不合理猜测，却不大为识者所注意。要是可以这样说的话，对自己幸运妄加猜测，比对自己才能过于自负，恐怕还更普遍些。

——亚当·斯密，《国富论》

第一节　引　　言

在经济的市场化进程中，部分由于工业化大生产的不断扩张，我国各类新型侵权事故层出不穷。以危险作业、食品安全、环境污染等形式出现的产品责任问题，往往会导致突出的大规模群体性侵权损害。受限于净资产总量，许多企业无力承担传统法经济学意义上的赔偿责任。这在受害人总数多、损害金额大、时间跨度长时尤为如此。这时，即使大型企业也往往难逃破产厄运[①]，侵权企业或申请破产清算，或干脆实施策略性破产，造成所谓的侵权判决规避问题。大规模侵权事件一旦暴发，其善后必然有赖于整体社会的协作。但就事前预案而言，在侵权法责任体系和相关部门监管方面，现行制度性安排是否存在改进空间，仍是一个亟待学界深入探讨的重大现实问题。

传统侵权法的经济分析往往要求寻找最优的归责制度，希望通过这种制度安排降低侵权行为所带来的社会成本，使得侵权的私人成本和社会成本相一致。然而，由于现实情况的复杂性，侵权法经济学的分析结果往往不能得遂所愿。这表现在：第一，侵权事故施害人一方在可供赔偿的总资产上存在不足，造成侵权判决规避问题，使得侵权法的经济目标难以实现；第二，传统侵权法律经济学对于行为主体理性程度的假设往往比较严格，特别是在行为

① 三鹿集团进入破产清算程序之后，全国约有30万婴幼儿患者受到损害，至2009年11月底，石家庄中级人民法院做出裁定，三鹿集团已无财产可供支配，终止破产程序，而此时结石患儿尚未从三鹿集团获得任何赔偿。

主体面对不确定性进行决策时,不确定性的存在致使决策本身发生变化。此外,行为主体自己对待不确定性的乐观与悲观态度也会对决策结果产生影响,这就使得传统侵权法的经济分析存在行为预设上的瑕疵。目前,既有的法律经济学文献已经开始探究上述两种情况所带来的问题,但是尚且没有将二者纳入同一个模型或分析框架进行再考察。我们的研究填补了文献上的这种缺漏,通过建立新的侵权法经济分析模型,我们对侵权行为所带来的侵权判决规避现象给出了更为合理、更为深入的分析;在这一模型分析的基础上,我们还给出了理论和立法上的参考意见,期待能够改变现有的对侵权法的思考和认知。

第二节　相关文献和 Choquet 期望效用函数

对侵权行为的经济分析肇端于科斯(1960),此后 Calabresi(1970)等人对侵权责任制度进行了正式的讨论,到 20 世纪 80 年代,有关这方面的理论发展已经比较成熟(Landes and Posner,1987;Shavell,1987;Posner,2007;Cooter and Ulen,2012)。[①] 以往的侵权法经济学假设侵权施害人有足够的财产可供法院判决用于对受害人进行赔偿以及支付惩罚性罚款,但是李井奎和史晋川(2010)指出这一假设不是总能成立的。Shavell(1986)就已经提出所谓的侵权判决规避问题,并构建了侵权法的分析模型,研究结果表明不管是无过错责任还是过错责任,都不能为施害人提供充分的激励。除此之外,他还指出,随着施害人可供赔偿的资产总量的下降,施害人越发不愿意购买责任保险。但是,Shavell(1986)仅仅指出问题所在,并没有给出解决问题的办法。自此,侵权判决规避问题开始引起学者的广泛关注。使用同样的框架,Beard(1990)向我们揭示,如果改变预防投资的形式,那么侵权判决规避问题带来的结果甚至会和 Shavell(1986)的结论正好相反,即企业会过度进行预防投资。MacMinn(2002)对侵权施害人的风险厌恶情况进行了考察,并区分为无过错责任和过错责任,给出了针对侵权判决规避问题的不同结论。Friehe(2007)则深入分析了侵权责任事故发生之后,那些财产足够赔偿的施害人和不足够赔偿的施害人在事故预防投资上的差异性。在一个更为简化的模型

---

① 可参阅:(1) 罗纳德·科斯. 社会成本问题(1960). 载于《现代制度经济学》,盛洪主编,北京:北京大学出版社,2003. (2) 威廉·M. 兰德斯 (William M. Landes), 理查德·波斯纳(Richard Posner).《侵权法的经济结构》(1987),王强译,北京:北京大学出版社,2005. (3) 理查德·波斯纳(Richard Posner).《法律的经济分析(第 7 版)》(2007),蒋兆康译,北京:中国政法大学出版社,2012. (4) 斯蒂文·萨维尔(Steven Shavell).《事故法的经济分析》(1987),翟继光译,北京:北京大学出版社,2004.

里，Miceli and Segerson(2003)分析了无过错责任和过错责任在侵权判决规避问题上的细微差别。Dari-Mattiacci and Mangan(2008)就这一问题的各类文献进行了综述，并给出了具体的分类。上述文献均是在Shavell(1986)的基础上进行的后续讨论，虽然角度不同、结论各异，但都承认侵权判决规避问题对传统的法律经济学提出了一系列的挑战。

近年来，微观经济学在奈特式不确定性建模方面取得了突破性进展。[①]人们对侵权责任事故发生的可能性存在主观判断，我们称之为行为主体的信念，施害人和受害人两种行为主体的信念往往有着很大的差别。假定存在奈特式的不确定性，侵权责任事故中的一方若认为发生事故的可能性较小，我们就称之为乐观主义者，否则称之为悲观主义者。现代心理学和实验经济学已经给出大量证据，表明人们在事故情境中会表现出这样两类倾向(Kahneman，2011；Colin and Eric，2007)。Sunstein(1997)和Jolls(1998)有关行为法律经济学的研究特别表明，侵权责任事故中的施害人往往是乐观主义者，认为自己会遭遇这类事故的概率极低。而对于新近发生且在报纸和电视上渲染的事故，人们会表现出明显的悲观主义倾向，高估这类事故发生的可能性(Gigerenzer，2005)。Camerer(1995)对讨论奈特式不确定性的理论文献进行了综述，发现大量文献认为有必要对传统侵权法经济学加以修正，希望能够解释新的实验证据。Teitelbaum(2007)与Chakravarty and Kelsey(2011)是这个方向上较早的两篇文献。Teitelbaum(2007)引入侵权责任模型，在单边预防的情况下对此进行了分析；Chakravarty and Kelsey(2011)使用类似的侵权责任模型，但是把分析范围扩大到双边预防上。不过，这些文献并没有考察本书着重分析的侵权判决规避问题。Schmeidler(1989)引入了一种新的效用函数——Choquet期望效用函数，对奈特式不确定性问题加以考量，并为之提供公理化体系。[②] Schmeidler(1989)使用容度(capacity)这一概念对奈

---

① 奈特式不确定性是经济学家弗兰克·奈特(Frank Knight)在1921年首次提出的，用来指那些概率分布未知的不确定性，以此与风险相区分。同年，约翰·梅纳德·凯恩斯在《论概率》一书中提出类似的概念，但不及奈特的分类流传更广。不确定性问题的一个突出证据就是三色球实验的埃尔斯伯格悖论。埃尔斯伯格悖论指出人们在面对不能确知概率分布的不确定性事件时，其决策模式违背了经济学中的主观期望效用理论。Ellsberg(1961)并未做真实的实验，严格意义上说只是进行了一场调查。但是，后来大量实验证明了这一点，其中最为著名的是Becker and Brownson(1964)，有代表性的实验设计是Binmore et al.(2011)。埃尔斯伯格悖论可以在主流的高级微观经济学教材中找到。

② Schmeidler(1989)的工作论文1982年已成稿，1989年才发表；同年，Gilboa and Schmeidler(1989)也发表了，这篇文章同样纳入了不确定性问题并建立了一套理论，即多元先验理论(Multiple Priors)。多元先验理论可以这样理解：如果决策者不知道事件的真实概率，那么可以假定这些真实概率有若干个概率分布，多元先验方法就是建立在这样的直觉之上的。但多元先验理论到目前为止也只能实现部分公理化，其公理化程度不及Choquet效用理论。

特式不确定性加以概括。行为主体对于自然状态空间 Ω 上的概率分布存在不确定性,其行为被概括为函数 $f: \Omega \to \mathcal{R}$,行为人的主观信念则由容度函数(capacity function)$\nu(\cdot)$表示。容度函数具有以下特点:(1) $\nu(\varnothing)=0$;(2) $\nu(\Omega)=1$。容度函数可以表达乐观主义者和悲观主义者这样的行为主体的个人信念取向。Chateauneuf et al.(2007)在前人的基础上,给出能纳入这两种主观信念的新效用函数。

定义 1 令 α 和 δ 为满足以下条件的实数:$0<\alpha<1$,$0\leqslant\delta\leqslant1$。容度函数 ν 定义为:$\nu(A)=\delta(1-\alpha)+(1-\delta)\pi(A)$,$\varnothing\subset A\subset\Omega$;$\nu(\varnothing)=0$ 且 $\nu(\Omega)=1$。

π 是一般的期望效用理论中的行为主体确定的概率分布。所以,这里的容度函数不过是对传统的期望效用函数所做的改造,只要稍加改变,即可还原为期望效用函数。①

行为主体在进行决策时凭借容度函数算出期望效用,并据此做出判断。这样,假设行为人的效用函数为 u,则行为人的期望效用可由定义 2 给出(Choquet,1953)。

定义 2 行为主体的效用函数 $u_i: \Omega \to \mathcal{R}$ 关于容度函数 ν 的 Choquet 期望效用为:

$$\int u_i \mathrm{d}\nu = \delta(1-\alpha)M_i + \delta\alpha m_i + (1-\delta)E_\pi u_i$$

此处 $E_\pi u_i$ 为 Ω 上概率为 π 的期望效用,其中 $M_i=\max_\Omega u_i$,$m_i=\min_\Omega u_i$。

这样一来,Choquet 期望效用函数根据参数 α 来表达行为主体的乐观主义和悲观主义的倾向。若 $\delta>0$、$\alpha=1$,则称此行为主体极端悲观;若 $\delta>0$、$\alpha=0$,则称此行为主体极端乐观。

我们将定义 1 和定义 2 合二为一,综合考察了侵权判决规避问题,建立了新的分析框架。可以说,这是侵权法律经济学文献尚且没有过的新的尝试。

第三节 基本模型

一、主体框架

我们使用的模型在基本框架层面继承了 Shavell(1986)。模型的决策主体分为施害人和受害人。受害人模型对于事故发生的预防没有主动权,属于

① $\delta=0$,即只有风险问题存在,这时的行为主体完全是一个期望效用最大化者。

单边预防模型。施害人所从事的活动有风险，表现为侵权责任事故发生概率π，这一概率是预防努力成本c的函数$\pi(c)$，$\pi(c)$是施害人预防成本的严格递减函数。施害人可以从预防活动中获取b的货币收益，侵权事故一旦发生，就会给受害人带来货币损失$l>0$。我们假定$\pi(0)l<b$，因为如果$\pi(0)l>b$，理性人就不会选择实施这项经济活动。同时，我们假设c是不表现为货币的预防投入，可以用c(货币)来表示①：

$$\pi(c)\in(0,1],\ \pi'(c)<0,\ \pi''(c)>0$$

施害人的总资产为m，有$0<m\leqslant l-b$。因此，一旦发生侵权责任事故，侵权判决规避问题就会出现。此外，施害人的期望效用函数为$U(\cdot)=E_{\pi}u$，u表示具体收入结果的效用；同时，假设施害人和受害人都是风险中性的②，为便于表述，我们将单边预防模型中受害人的收益正则化为0，侵权责任事故所造成的预期损失为$L(c)=\pi(c)l$。这样就完成了对侵权法经济模型主体框架的描述。③

接下来，我们对我国侵权责任法规定的两种主要的侵权责任制度进行说明。一是过错责任原则。这一规则把过错作为判别标准，以此为依据对施害人造成的侵害进行归责；这一规则强调主观过错是侵权责任构成的必备要件之一，当没有主观过错(即预防投入达到法律规定的某一水平$\bar{c}$)时，即使存在损害，即使可以证明施害人行为和受害人损失之间存在因果关系，施害人也不承担侵权责任。二是严格责任原则，即无过错责任原则。这一规则规定只要施害人造成受害人的损失，就必须承担侵权责任。施害人如果承担侵权责任事故的责任，那么他所能承担的赔偿责任自然要止于总资产m和货币收益b。令$m+b=y$，表示可供赔偿的总体财富水平；$c_s(y)$表示施害人在无过错责任原则同时总财富为y时采取的预防支出水平；$c_n(y)$表示施害人在严格责任原则同时总财富为y时采取的预防支出水平。

① 非货币投入的假设是必要的，因为若为货币投入，则很可能施害人会过度投资，因为过度投资使用的投入可以看作未来潜在的给予受害人的期望赔偿金，这就会导致其行为发生扭曲，非货币投入假设可以预先避免这种情况的发生。当然，我们也可以将非货币投入下的结论拓展到货币投入情况，这并不困难。

② Shavell(1986)假设施害人的风险态度可以是中性的，也可以是风险厌恶的，并且认为风险厌恶假设并不会从根本上改变模型的结果。但是Beard(1990)指出，风险厌恶的假设会将问题复杂化，逻辑结论并非一目了然。Friehe(2007)在上述两篇文献的基础上，引入风险厌恶假设，得出的结论与Shavell的结论不完全一致；甚至在特定条件下的预防选择上，资产不足赔付的施害人还会付出更多的预防努力。这一点值得注意。

③ Shavell(1987)、Landes and Posner(1987)、Posner(2007)、Cooter and Ulen(2012)等均对侵权法的经济本质进行了类似的阐述，也都给出了传统的单边预防模型，所使用的效用函数为诺依曼-摩根斯坦效用函数。但Posner(2007)、Cooter and Ulen(2012)仅略有涉及不确定性问题，均未进行深入探讨。

假设施害人追求 Choquet 效用最大化，新的期望效用可表示为：

$$\mathrm{CU}[\pi(c)] = \int u \mathrm{d}\nu = \delta(1-\alpha)M(c) + \delta\alpha m(c) + (1-\delta)E_{\pi}u$$

其中，$M(c)=\max_{\Omega}u$，是当预防支出为 c 时没有发生侵权责任事故所得到的效用水平，$m(c)=\min_{\Omega}u$ 是当预防支出为 c 时发生了侵权责任事故所得到的效用水平。[①] 如果施害人知道侵权责任事故发生的具体概率分布，那就不存在不确定性，即 $\delta=0$，这样施害人的 Choquet 期望效用函数就退化为 $U(\cdot)$，这就和 Shavell(1986)的全部假设没有区别。我们的模型在施害人的行为主体理性程度方面纳入了施害人的主观态度——更为乐观还是更为悲观，因此更接近真实世界的情况。这也是本研究的一个主要创新点。

二、无过错责任原则

在无过错责任原则(即严格责任原则)下，侵权责任事故一旦发生，施害人就必须承担全部侵权责任。故有 $m(c)=-c$，侵权责任事故一旦发生，施害人对受害人造成的损害就会超过施害人总体财富水平 y。根据有限责任原则，公司施害人以其总体财富承担赔偿或惩罚责任金；根据我们对施害人风险态度的假设，可知其效用水平为 $-c$。若施害人是个人，则他会因此而陷入个人破产的境地，这使得他有动机运用各种法律手段来策略性地规避赔偿或惩罚责任，最终结果与公司施害人是一样的。当侵权责任事故没有发生时，有 $M(c)=y-c$，施害人可以得到 $m+b=y$，其成本为 c。该施害人从事这一经济活动的 Choquet 主观期望效用为：

$$E_{\pi}u - \pi(c)m(c) + [1-\pi(c)]M(c) = [1-\pi(c)]y - c$$

施害人追求 Choquet 期望效用最大化，求解以下规划问题：

$$\max_{c>0}\mathrm{CU}(\pi(c)) = \delta(1-\alpha)M(c) + \delta\alpha m(c) + (1-\delta)E_{\pi}u \qquad (3\text{-}1)$$

将 $M(c)=y-c$，$m(c)=-c$，$E_{\pi}u=[1-\pi(c)]y-c$ 代入方程(3-1)，可得：

$$\max_{c>0}\mathrm{CU}(\pi(c)) = [1-\delta\alpha-\pi(c)(1-\delta)]y - c$$

规避角点解的情况，分别对 c 求导，可得一阶条件：

$$-\pi'(c)(1-\delta)y = 1 \qquad (3\text{-}2)$$

也可写成：

$$-\pi'(c)=\frac{1}{(1-\delta)y}$$

---

① Choquet 期望效用理论的缺点之一是它只能处理两种世界状态(States of World)，这是它不如另外一种处理不确定性的理论(多元先验理论)的地方，后者可以处理多种世界状态(Wakker，2008)。但是，对于这里所分析的情形而言，两种世界状态已经足够。

因为侵权损害固定不变，现在讨论的又是严格责任原则，也可以把上式写成：

$$-L'(c_s)=\frac{l}{(1-\delta)y}$$

因为总体财富水平 y 位于 $(0,l]$，可知即使没有不确定性，我们也无法实现社会最优的预防成本投入。这可以从 $\frac{l}{y}\geqslant 1$ 看出，这个不等式告诉我们大于等于号左边表达的边际收益不会达到社会边际成本。同时，由于不确定性的存在，使得预防投入的边际收益还不如之前的情况，即 $\frac{l}{(1-\delta)y}>\frac{l}{y}\geqslant 1$，此时施害人的最优预防努力水平与社会最优预防努力水平相比距离更远。如果总体财富水平不断攀升，这一差距就会不断缩小。这说明，随着不确定性程度的提高，施害人采取的预防努力越低；反之，则相反。总结一下，我们提出以下命题：

命题 1　在严格责任原则下，不确定性的出现，使得施害人的预防努力水平低于社会最优预防努力水平，也低于不存在不确定性时的预防努力值；随着 y 越来越接近 l，不确定性程度 δ 越近于 0，施害人的预防努力水平越接近社会最优预防努力值；施害人的预防努力与不确定性程度成反比、与财富水平成正比；随着总体财富水平 y 提高，不确定性的存在使施害人的预防努力成本增加程度更大，而施害人的预防努力水平与社会最优预防值之间的差距与不确定性程度成正比。

证明

由 $\delta\in(0,1)$，$y\in(0,l)$ 及方程(3-2)可得：

$$-L'(c_s)=\frac{l}{(1-\delta)y}>1=-L'(c^*)$$

因为 $L''(c)=\pi''(c)l>0$，所以 $c_s<c^*$。不确定性的存在，使得对于所有 y 值之下的 c_s 值将比不存在不确定性时的预防努力值要小，这是由于

$$-L'(c_s)=\frac{l}{(1-\delta)y}>\frac{l}{y}=-L'(c_{\text{sna}})\geqslant 1=-L'(c)$$

其中，下标 sna 指不存在不确定性时的严格责任原则。$\frac{l}{y}=-L'(c_{\text{sna}})$ 可以由既有文献得到，可参阅 Shavell(1986)。这样，我们可以推知，随着 y 越来越接近 l，不确定性程度 δ 越近于 0，施害人的预防努力水平越接近社会最优预防努力值。

对不等式 $-L'(c_s)=\frac{l}{(1-\delta)y}>1=-L'(c^*)$ 两边等式求预防努力对 δ 的

偏导数，左边的结果为 $\frac{\partial c_s}{\partial \delta}=-\frac{l}{yL''(c_s)(1-\delta)^2}<0$，右边的结果为 $0=\frac{\partial c^*}{\partial \delta}$。左边的结果说明，施害人的预防努力与不确定性程度成反比。综上所述，可以得出 (c^*-c_s) 随 δ 递增这样的结论。由此可知，施害人的预防努力水平与社会最优预防值之间的差距与不确定性程度成正比。

对不等式 $-L'(c_s)=\frac{l}{(1-\delta)y}>\frac{l}{y}=-L'(c_{\text{sna}})$ 两边等式求预防努力水平 c 对 y 的偏导数，左边的结果为 $\frac{\partial c_s}{\partial y}=\frac{l}{L''(c_s)(1-\delta)y^2}>0$；右边的结果为 $0<\frac{l}{L''(c_{\text{sna}})y^2}=\frac{\partial c_{\text{sna}}}{\partial y}$。从中可知，若存在不确定性，则财富水平与预防努力成正比；其他结果与 Shavell(1986)的相似。

不过，我们显然还有 $\frac{\partial c_s}{\partial y}=\frac{l}{L''(c_s)(1-\delta)y^2}>\frac{l}{L''(c_{\text{sna}})y^2}=\frac{\partial c_{\text{sna}}}{\partial y}$，这是由 $\delta\in(0,1)$ 所致。这表明当财富相同时，由于存在不确定性，预防努力的边际支出其实是增加了。

证毕。

我们可以用图 3.1 表达命题 1 的内容。

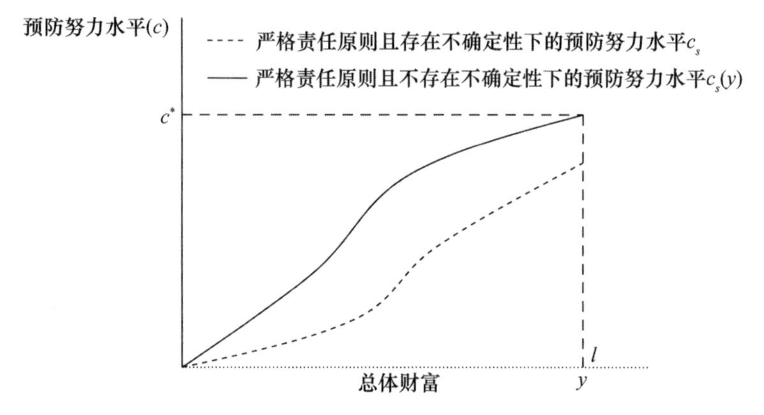

图 3.1 严格责任原则的预防努力水平

三、过错责任原则

在过错责任原则下，法院会设定施害人的预防努力水平 $\bar{c}$，如果施害人的预防努力未达到这一水平，那么侵权责任事故发生后，施害人将承担全部责任；否则，施害人无须承担侵权责任。我们因袭文献中的一贯假设，即 $\bar{c}=c^*$，加星号表示社会最优预防努力水平。如此，施害人的规划问题可改写为：

$$\max_{c\geqslant 0}\begin{cases} y-c & c\geqslant c^{*} \\ [1-\delta\alpha-\pi(c)(1-\delta)]y-c & c<c^{*} \end{cases} \tag{3-3}$$

如果 $c\geqslant c^{*}$，那么施害人出于成本最小化的考虑，会尽可能地使 $c_n=c^{*}$。若 $c\in[0,c^{*})$，此时与严格责任原则下的情况是一样的，故有：

$$c_n=c_s=\arg\max_{c\in[0,c^{*})}[1-\delta\alpha-\pi(c)(1-\delta)]y-c$$

设 $\Psi(c_s)=[1-\delta\alpha-\pi(c_s)(1-\delta)]y-c_s$，表示过错责任原则下施害人的 Choquet 期望效用，由此有：

$$c_n=\begin{cases} c^{*} & y-c^{*}\geqslant\Psi(c_s) \\ c_s<c^{*} & y-c^{*}<\Psi(c_s) \end{cases} \tag{3-4}$$

于是，我们有命题 2：

命题 2　在过错责任原则下，当存在不确定性时，应尽预防义务与社会最优预防努力水平相同，则施害人的预防努力水平将不会大于社会最优预防努力水平。我们分情况来讨论：第一，假如施害人对侵权事故发生概率持乐观态度，则预防努力水平为社会最优水平的概率与不确定性程度成正比；假如施害人对侵权事故发生概率持悲观态度，则预防努力水平为社会最优水平的概率与不确定性程度成反比。第二，预防努力水平为社会最优水平的概率与施害人的乐观程度成正比、与悲观程度成反比。第三，当 y 大于 Choquet 期望效用加上与应尽预防义务水平所得到的和时，施害人会选择法定的应尽预防努力水平，并与社会最优预防努力水平相等；当 y 小于上述二者之和时，此时适用命题 1，和严格责任的情况一样。

证明

根据方程(3-4)，显然有 $c_n\leqslant c^{*}$，这是由于 $y-c^{*}\geqslant\Psi(c_s)$ 和 $y-c^{*}<\Psi(c_s)$ 其中之一肯定是成立的，不管是哪个，c_n 都不会大于 c^{*}。

使用包络定理，我们可得 $\frac{\partial\Psi(c_s)}{\partial\delta}=[\pi(c_s)-\alpha]y$。若 $\alpha>\pi(c_s)$，则表示施害人持乐观态度，故有 $\frac{\partial\Psi(c_s)}{\partial\delta}<0$；若 $\alpha<\pi(c_s)$，则表示施害人持悲观态度，故有 $\frac{\partial\Psi(c_s)}{\partial\delta}>0$。当施害人持乐观态度时，$\delta$ 值越大，$y-c^{*}<\Psi(c_s)$ 的概率越小，那么 $c_s<c^{*}$ 的概率就越大；当施害人持悲观态度时，δ 值越小，$y-c^{*}<\Psi(c_s)$ 的概率越大，那么 $c_s<c^{*}$ 的概率就越小。

同样根据包络定理，我们还可以得到 $\frac{\partial\Psi(c_s)}{\partial\alpha}=-\delta y<0$ 且 $\delta\in(0,1)$。这说明随着 α 的增大，施害人更有可能选择社会最优预防努力水平值。这样命题 2 中的第三点就可以很容易推知。

证毕。

我们可以用图 3.2 展示命题 2 的内容。

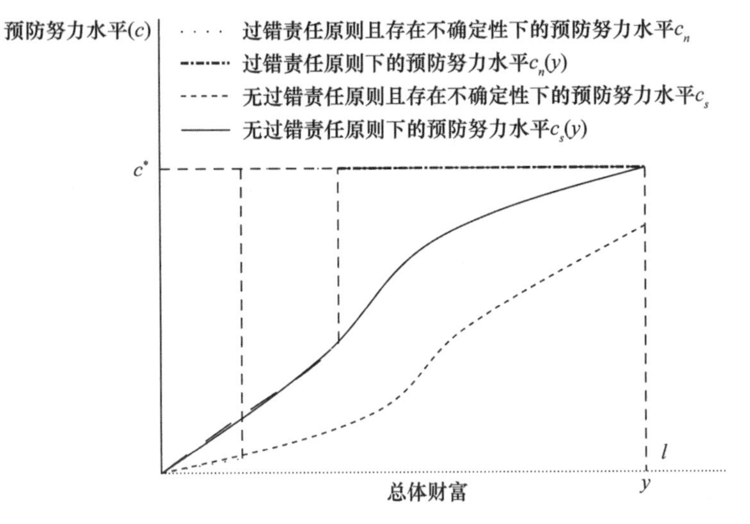

图 3.2 过错责任原则下的预防努力水平

四、数值模拟

我们使用数值模拟模型中的主要参数,根据所得结果验证命题 1 和命题 2。我们给出以下假设:

(1) 侵权责任事故发生概率函数为 $\pi(c)=\frac{1}{1+c}$。它满足以下条件:$\pi'(c)=-\frac{1}{(1+c)^2}<0$,$\pi''(c)=\frac{2}{(1+c)^3}>0$。

(2) 令 $l=1\,000$,可以计算得到 $c^*=\sqrt{l}-1$,所以 $c^*=30.6228$(保留小数点后四位),即 $y\in\{100,900\}$。

(3) 令 $\delta=0$ 表示不存在不确定性,其他为 $\delta\in\{0,0.36,0.84\}$,故有$\pi(c)\in[0.36,0.84]$。

(4) 施害人的悲观程度为 $\alpha\in\{0.2,0.78\}$,施害人的乐观程度为 $1-\alpha$。

接下来,我们根据责任原则分别讨论。

1. 无过错责任原则

已知 $-\pi'(c)=\frac{1}{(1-\delta)y}$,$\pi'(c)=-\frac{1}{(1+c)^2}<0$,取得表 3.1 的模拟值为:

表 3.1　无过错责任原则下的预防努力

(y,δ)	c^*	c_s
(100,0)	30.6228	9
(100,0.36)	30.6228	7
(100,0.84)	30.6228	3
(900,0)	30.6228	29
(900,0.36)	30.6228	23
(900,0.84)	30.6228	11

注：此处 $l=1\,000$ 固定不变，因此 $c^*=30.6228$ 也是固定不变的。

由表 3.1 可知，当不存在不确定性时，施害人对预防努力的选择不受其所持不确定性态度的影响，即和 α 无关。

我们先来看不存在不确定性（即 $\delta=0$）的情况，此时施害人有着总财富与总损害不相匹配的问题，他总是选择低于社会最优的预防努力水平：当 $y=100$ 时，$c^*(30.6228)>c_s(9)$；当 $y=900$ 时，$c^*(30.6228)>c_s(29)$。

当存在不确定性时，施害人选择的预防努力低于上述的第一种情况。在表 3.1 中，$c_s(9)>c_s(7)$ 和 $c_s(9)>c_s(3)$，$c_s(29)>c_s(23)$ 和 $c_s(29)>c_s(11)$。施害人所选择的预防努力水平与不确定性程度成反比，在两种不同的财富值上，施害人的选择分别从 7 降到 3、从 23 降到 11；而且，财富增加之后，降幅更大，预防努力也显著得到提高。这与命题 2 相符。

2. 过错责任原则

现在来看过错责任原则下的情况。当法定的预防义务与社会最优水平相同时，如果选择最优预防努力的收益 $y-c^*$ 大于或等于 Choquet 期望效用收益 $\Psi(c_s)=[1-\delta\alpha-\pi(c_s)(1-\delta)]y-c_s$，施害人就会采取法定的预防努力水平。如若不然，施害人就按照严格责任原则采取行动。表 3.2 根据不同的财富水平、不确定性程度以及悲观程度，划分了十二种情况：

表 3.2　过错责任原则下的预防努力

(y,δ,α)	c^*	c_s	$\Psi(c_s)$	c_n
(100,0,0.2)	30.6228	9	81.00	9
(100,0,0.78)	30.6228	9	81.00	9
(100,0.36,0.2)	30.6228	7	77.80	7
(100,0.36,0.78)	30.6228	7	63.92	30.6228
(100,0.84,0.2)	30.6228	3	76.20	3
(100,0.84,0.78)	30.6228	3	27.48	30.6228
(900,0,0.2)	30.6228	29	841.00	30.6228

（续表）

(y,δ,α)	c^*	c_s	$\Psi(c_s)$	c_n
(900,0,0.78)	30.6228	29	841.00	30.6228
(900,0.36,0.2)	30.6228	23	799.91	30.6228
(900,0.36,0.78)	30.6228	23	713.51	30.6228
(900,0.84,0.2)	30.6228	11	734.73	30.6228
(900,0.84,0.78)	30.6228	11	296.25	30.6228

注：此处 $l=1\,000$ 固定不变，因此 $c^*=30.6228$ 也是固定不变的。

从表 3.2 中，我们可以得出这样一些结论：第一，当不存在不确定性时，若财富远远小于侵权损害，则施害人不会选择法定的预防努力水平；随着财富增加，因为过错责任原则的激励性更强，施害人还是会采取最优的预防努力。这个结论和命题 1 是一致的。第二，当不确定性程度较低（即 δ 比较小）时，若 y 也比较小，则持悲观态度的施害人更可能采取社会最优预防努力水平；当 y 足够高时，因为过错责任的激励性更强，故不管主观态度如何，施害人采取社会最优预防努力水平的可能性都会增大。这和 Teitelbaum（2007）的结论差异显著，而这一差异正是源于模型引入侵权判决规避的结果。

根据表 3.2，我们可以知道，在处理本书所假设的两种情况（即不确定性和侵权判决规避问题）时，过错责任原则要比严格责任原则表现得更为优异。

第四节　最低资产要求标准：一种可能的解决方案

我们发现在侵权判决规避问题上，不确定性会使得法律运行效率大打折扣，不管是严格责任原则还是过错责任原则都是如此。我们的模型还表明，相对而言，过错责任原则在处理侵权判决规避问题和不确定性问题时要稍胜一筹。这就解释了国际通行的标准，即对于侵权判决规避问题，一般都适用过错责任原则，也对我国侵权责任法就一些侵权行为仍适用无过错责任原则提出了理论上的疑问。但是，我们的分析还表明，过错责任原则只是在比较意义上稍胜一筹，仍然不能一了百当地解决问题。根据模型逻辑，我们给出一种可能的解决方案，可以把它叫作最低资产要求标准。

我们只在过错责任原则下进行讨论，其原因上文已经说明。由命题 2 可得，在过错责任原则的假设下，如果采取最优预防努力得到的收益 $y-c^*$ 大于或等于 Choquet 期望效用收益 $\Psi(c_s)=[1-\delta\alpha-\pi(c_s)(1-\delta)]y-c_s$（即 $[\delta\alpha+\pi(c_s)(1-\delta)]y-(c^*-c_s)\geqslant 0$），施害人就会采取社会最优的预防努力水平。再由命题 1 可知，若提高 y 值而保持其他条件不变，则 $[\delta\alpha+\pi(c_s)$

$(1-\delta)]y$ 更大、c^*-c_s 更小，因此 $[\delta\alpha+\pi(c_s)(1-\delta)]y-(c^*-c_s)\geqslant 0$ 更可能成立，从而确保了过错责任原则下最优社会预防努力水平会被选择。如此，我们有：

命题 3　在过错责任原则下，当存在不确定性时，法定的预防努力水平与社会最优预防努力水平相同，只需对可能的施害人总财富设定在以下水平上：

$$y \geqslant c^* + \Psi(c_s) \tag{3-5}$$

$$\Psi(c_s) = [1-\delta\alpha-\pi(c_s)(1-\delta)]y - c_s$$

如此一来，施害人的预防努力就会等于社会最优预防努力水平。

证明

命题 3 可以作为命题 2 的直接推论来处理，只要在方程(3-4)中满足其第一个条件，即可求得最优的 y 值，这就是符合最低资产要求的财富总量。

从命题 3 可以知道，我们提出的最低资产要求与不确定性程度以及施害人所持乐观或悲观的态度是有关联的。同样，使用第三节中的数值，我们可以计算出数值模拟中的最低资产要求标准。

根据上文对 $\pi(c)=\frac{1}{1+c}$ 的假设，式(3-5)的另外一种形式 $[\delta\alpha+\pi(c_s)(1-\delta)]y-(c^*-c_s)\geqslant 0$ 可以写作：

$$\delta\alpha y + 2\sqrt{1-\delta}\sqrt{y} - \sqrt{l} \geqslant 0 \tag{3-6}$$

求解式(3-6)，可得 $y\geqslant\left(\frac{\sqrt{(1-\delta)+\delta\alpha\sqrt{l}}-\sqrt{1-\delta}}{\delta\alpha}\right)^2$。也就是说，只需把最低资产要求设定在 $y_{\min}=\left(\frac{\sqrt{(1-\delta)+\delta\alpha\sqrt{l}}-\sqrt{1-\delta}}{\delta\alpha}\right)^2$ 上，使式(3-6)成立，在过错责任原则下即可实现社会最优预防努力水平。

证毕。

根据第三节的数值模拟过程，可以得到表 3.3 的结果。

表 3.3　过错责任原则下的最低资产要求

(l,δ,α)	$y_{\min}$
(1 000,0,0.2)	250
(1 000,0,0.78)	250
(1 000,0.36,0.2)	159
(1 000,0.36,0.78)	66
(1 000,0.84,0.2)	133
(1 000,0.84,0.78)	46

由表 3.3 可知，最低资产要求与不确定性程度成反比。例如，当不确定性程度从 0.36 跃升至 0.84 时，在维持不确定性的态度不变的情况下，最低资产要求会从 159、66 分别降到 133 和 46；此外，这种下降的程度会随悲观程度的提高而大幅提高。譬如，当悲观程度从 0.2 上升到 0.78 时，最低资产要求则分别从 159 和 133 锐降到 66 和 46。这对于我们的政策制定是有一定的启示意义的。

第五节　结论与启示

法律的目的在于寻找降低交易费用的途径，尽可能地减少租金耗散。但是，社会的不确定性本质常常会使得完成这一任务的过程变得极为复杂。我们重新审视传统的侵权法经济学，构建新的经济模型并纳入侵权判决规避问题，在不确定性的条件下对这一问题新的表现进行检视，得到一些传统侵权法经济分析所没有得到的结论，在更为现实的假设条件下取得了对人们行为的更为深入的认识。在这个新构建的模型中，我们特别引入追求 Choquet 期望效用最大化的决策者，分析结论表明，综合考虑各种因素及假设之后，侵权判决规避问题在不同的侵权责任原则下的效率表现是不同的。我们还进一步分析严格责任和过错责任两种原则体系，相对于前者，后者在侵权判决规避问题上相对更有效。通过模型分析，我们给出了最低资产要求标准的解决方案。虽然这一方案还存在一些不足，比如对法院的要求过于苛刻，同时主观性的不确定性态度可能无从观察，但是我们的分析毕竟为这方面的研究取向提供了一种新思路，未竟的工作还有很多。我们有理由相信，随着研究的深入，我们所得到的法律经济学研究成果会为我国的法律判决和立法工作提供有益的意见与建议，助推我国的法治文明建设。

第四章　企业策略性破产与侵权判决规避问题

当企业对受害人的潜在伤害超过了企业净值时，企业会把部分风险外部化，从而破坏了企业采取预防努力的激励机制。

——托马斯·尤伦

第一节　引　　言

任何商业活动都可能存在对社会的潜在侵害风险(torts)，关键问题在于如何通过有效的制度安排或者法律制定来尽量减小这些社会危害发生的可能性。从裁定的法律依据上看，三鹿破产清算的最终结果似乎无可指摘，但对于三十多万患儿而言，这一结果显失公平。由三鹿问题奶粉事件引发了一系列的社会和法律问题，我们应当对此进行研究和探讨。一些法律学者呼吁，将侵权受害人的赔偿列为优先债权进行清偿以实现社会公平。但真正值得关注的是，我们如何评价破产法这一清偿条款的效率。也就是说，它在多大程度上使得对这类侵权事故的主要责任方在事前能够有足够的激励采取良好的预防措施，从而尽量减小这类侵权事故发生的可能性。三鹿问题奶粉事件不但催生了《食品安全法》，也给现行《破产法》及《国家赔偿法》带来了前所未有的质疑和挑战：在企业破产程序中如何保护产品侵权受害人的合法权益不因企业的破产而遭受侵害。本章从融资结构与企业家预防激励这一角度，分析现行《破产法》关于清偿顺序条款的效率，从而为进一步的破产法律改革提供评价标准和建议基础。

在现代社会，企业侵权带来的大量侵权受害人的赔偿请求导致企业无资产可赔付的情况时有发生，法律经济学家对此予以关注并积极地进行讨论。LoPucki(1996)对侵权判决规避现象进行全面的论述，并给出一个基本结构来描述所有这类“侵权判决规避”问题，质疑大企业不会做出这种策略性破产的传统看法。Brooks(2000)对这类企业的重整决策进行建模，并将之应用于石油产业，认为这种将侵权责任外部化的成本使得企业在预防努力水平上出现激励扭曲，从而造成企业合约劣于最优水平。Dari-Mattiacci and De Geest(2005)分析了各种侵权模式下的这类现象，比较了各类侵权责任原则的激励效果。Pitchford(1993)首先将侵权判决规避问题与企业的融资结构结合起来，引入融资结构因素，将作为施害方的企业控制侵权判决规避现象发生概率的努力内生化，并且证明侵权受偿优先原则与强制保险等救济政策等价，但研究的不足之处是只考察了规模较小的企业。Gilles(2006)表明，侵权判决规避现象中破产企业的重整，对事故发生可能性和社会福利的影响是不确定的。若重整偏向于小企业，则全部福利效应是负的；若偏向于大企业，则全部福利效应虽不清楚是否一定为正但在清算情境下一定为正。以上文献基本上没有将企业家的行为纳入模型内加以分析。Che and Spier(2008)主要考察这类企业在侵权事故发生之后的清算问题，沿袭 Pitchford(1993)的思路，继续讨论企业融资结构选择与企业家对预防努力的选择，但是两篇文献均没有涉及职工债权。本章是在 Pitchford(1993)和 Che and Spier(2008)基础上的一个推进，并且引入我国《破产法》这一制度背景，审视侵权判决规避问题的产生以及救济方法。

本章分为六部分。第一部分是引言；第二部分介绍相关文献和模型的故事背景；第三部分介绍基本模型的主体，并给出社会福利最优的情形；第四部分分析企业的行为；第五部分讨论改革当前破产法律清偿顺序条款以及其他救济方法；第六部分是结论。

第二节　模型的背景故事

我们来看关于本章模型的故事概要。一个企业家拥有一个项目，需要投入资本 4 000 元、劳动 1 000 元，项目未来现金流为 6 500 元。但是，该项目生产的产品出于各种原因，可能会对消费者造成侵权损害，即以 0.1 的概率造成 10 000 元的损失。企业家自有资金为 0，必须对外进行债权融资。企业家可以将所有的未来现金流作为抵押进行担保债权融资，也可以直接借入债务；可以预先支付所有工人工资，也可以选择一个任意的工资支付比例。当发生侵权损害时，全部未来现金流都不足以补偿侵权受害人的损害赔偿要求，企业进入破产清算程序。事后进入清算的财产清偿顺序分别为担保债权、职工债权、侵权债权、无担保债权。[①]

① 现行破产法律具体条款规定的清偿顺序为破产清算费用、担保债权、职工债权、税收债权和普通债权。本章的模型忽略了税收债权和破产清算费用，并且假定侵权债权优先于无担保债权予以清偿。

显然，我们可以看到，虽然这个项目有潜在风险，但其期望社会价值为500元（6 500－4 000－1 000－0.1×10 000），即大于0。也就是说，从社会福利的角度来看，该项目是对社会有益的。企业至少融资4 000元才可以投入生产，此时预先支付给工人的工资为0。给定担保债权和职工债权的优先性，如果企业家都使用担保债权进行融资的话，即使出现高伤害水平，担保债权人也仍然可以全身而退，假定无风险利率为0，他可以获得4 000元。给定劳动力市场的完全性，工人总是可以获得预期收益等于保留效用的工资水平。此时，企业家的期望收益为1 350元（0×0.1＋1 500×0.9）。如果给定无担保债权低于职工债权，企业家都使用无担保债权进行融资的话，无担保债权人预期到一旦出现产品侵权事故自己就会遭受损失，会要求更高的利率（即11%）[①]。此时，企业家的预期收益为950元［0×0.1＋（5 500－4 444.4）×0.9］。也就是说，企业家利用担保债权可以从侵权受害赔偿中多拿走400元（1 350－950），从而提高了自身的收益。

现在来看企业家如何选择自己的预防努力水平。使用担保债权不但可以使得不同的收益在企业家和侵权受害人之间进行分配，而且还会影响到企业家选择不同预防努力水平的内在激励。假定如果企业家不努力采取措施去预防侵权风险，侵权损害发生概率就会上升到20%。企业家只有付出150元成本之后，侵权损害发生概率才会下降到10%。在担保债权融资的条件下，企业家使得侵权损害发生概率降低所带来的收益等于他为此而付出的成本。[②] 如果企业家完全以无担保债权进行融资，他就不会采取努力以预防侵权损害。因为无担保债权需要支付11%的利率，这会使得企业家的个人收益减少到950元，采取更高的预防努力水平可以使收益免于10%的损失（即仅仅为95元），而这小于150元，所以企业家不肯付出这一成本（95元）以提高预防努力水平。[③] 这个故事说明了本章模型对当前破产法律清偿顺序条件的分析结果：企业家更偏好担保债权融资，并且在预防努力水平上不去努力采取任何措施。这就为我们讨论各种责任原则和公共政策提供了空间。

就目前而言，国内的法学家一般建议将侵权债权放在首要位置进行清偿，改变现行清偿顺序，以提高侵权受害人的受偿程度，促进公平。此外，对

---

① 这一利率是这样计算出来的，由 $0\times0.1+4\,000(1+r)\times0.9=4\,000$，求解此式，可得 $r=0.11$，无担保债权人的请求权为4 444.4元。

② 也就是说，采取预防努力的成本等于以下两者之差：$(0\times0.1+1\,500\times0.9)-(0\times0.2+1\,500\times0.8)=1\,350-1\,200=150$（元）。

③ 如果考虑到无担保债权人可能也预见到企业家不采取预防努力会带来高侵权事故发生概率，那么在事前无担保债权人向企业家要求的利率会更高。这样，企业家的收益还会比现在这个数值（950元）更低，进一步降低了激励。

企业家处以高额罚金、对企业产品进行强制责任保险以及建立职工或者债权人责任制度等都是对现行破产清偿顺序条款的替代建议。本章基于法律经济学,认为所有的政策或者责任制度的建议必须在效率的视角下加以考量,只有在事前效率和事后效率之间做出权衡之后,才能判断一项救济政策的合理性。

第三节 基本模型

假定一个面临财富约束的企业家拥有一个项目。项目成立并经营两期,即可取得价值为 V 的现金流,为了方便分析,我们设定此处 V 的实现无风险。这个项目成立需要投资资本 K,雇用工人并支付工资 L。由于企业家面临财富约束,自有资本为 0,需要从外部融资。为了简化分析,我们假定股权融资为 0[①],企业家主要通过债权进行融资。债权融资分为两种:一种是担保债权,即高级债权;另一种是无担保债权,即低级债权。企业家必须与债权人签订融资合约,同时与工人签订劳动合同。企业家不会预先支付所有的工资,假定先支付其中的 γL,余下的 $(1-\gamma)L$ 部分要等到 V 实现之后再支付。

任何商业活动都有风险,例如企业生产的产品可能因为质量控制不力或者未提醒消费者注意相关事项等,对消费者产生一定潜在伤害的风险,我们把这一社会伤害记作 h 且 $h\in\{h_L,h_H\}$。假定伤害仅有两种类型,一种是高伤害水平 h_H,另一种是低伤害水平 h_L。对于这种伤害水平,企业家可以在一定程度内加以控制,即他可以采取预防努力水平 e 来降低伤害水平。令 $e\in\{0,c\}$,0 和 c 是企业采取 e 预防努力所花费的成本。$e=0$ 意味着企业家没有采取任何努力进行预防,企业产品会以 α 的概率产生高伤害水平 h_H,以 $(1-\alpha)$ 的概率产生低伤害水平 h_L。$e=c$ 意味着企业家采取努力进行预防,企业产品会以 β 的概率产生高伤害水平 h_H,而以 $1-\beta$ 的概率产生低伤害水平 h_L。显然,$\alpha>\beta$ 且 α 和 $\beta\in[0,1]$。企业家面临清算约束,若伤害水平为 h_H,则企业进行清算;若伤害水平为 h_L,则企业不一定进行清算。根据现行破产法律的规定,企业破产清偿顺序为担保债权、职工债权和普通债权。其中,侵权之债与其他无担保债权属于同一序列——普通债权,我们在这里假定侵权之债在清偿顺序上优先于无担保债权,这并不会影响我们的分析结果。若伤害水平较低且企业在偿还所有债权之后还有剩余,则这一伤害水平不会导致清算。为了分析方便,我们假定只要伤害水平为 h_L,企业就不会面临破产清算问题。

① 这个假定可以看作一种标准化行为,即将企业家自有资金以及股权融资标准化为 0,企业家代表股东利益。

企业家在资本市场上进行债权融资，假定资本市场是完全的，无风险利率标准化为 0。作为对资本投资的回报，外部债权人最终对企业全部现金流 V 拥有请求权(claims)，这是可以写入融资合约中的。企业家实际融资水平记作 K_E，而且 $K_E \geqslant K+\gamma L$。我们假定过度借贷所得 $K_E-K-\gamma L$ 可以提高企业家的效用水平，它会被企业家立即消费，或者用于给自己发工资或在职消费(perks)，或者直接作为红利发放给作为股东的企业家本人等。[①] 企业家在劳动力市场上雇用工人，假定劳动力市场也是完全的，工人参与项目的保留效用标准化为 L。

现金流 V 一旦实现，社会伤害 h 也随之产生，侵权受害人将会提出赔偿要求，企业也随即考虑是否进行清算。我们假定侵权受害人得到的赔偿金等于损害额 h，在企业清偿担保债权和职工债权之后，余下的资产即可用于侵权损害赔偿。在损害赔偿执行完毕之后清偿无担保债权，最后的剩余资产归企业家本人。

一、财务合同与劳动合同

企业在资本市场上筹集资本 K_E，不同债权人在企业破产清算时的财产请求权地位不同。财务合同可被看作一种收入条件，它是未来现金流在高一级债权人受偿之后自己的财产请求权的函数。在劳动力市场是雇用工人并且签订劳动合同，规定总的工资支付为 L，预先支付其中的 γ 部分。劳动力市场是完全竞争，只要预期总工资支付为 L，企业是可以雇用到工人的。

首先，我们考虑担保债权。假定担保债权人的所有财产请求权为 R_S 且 $R_S<V$。担保债权人的债权是独立于社会伤害 h 的，它们在侵权受害人得到赔偿之前即可得到受偿。一般来说，企业用于担保的资产是物质资产，比如土地、厂房、机器设备等，我们假定企业的未来现金流也可以采取博伊债券(Bowie bonds)的形式进行资产抵押。也就是说，企业利用担保债权融资，最大融资量可以达到 V。在企业清算时，担保债权人可以得到 R_S。

其次，我们考虑职工债权。职工的工资请求是 L 且 $R_S+L \leqslant V$。职工债权在现行法律规定中是独立于社会伤害 h 的，也在侵权受害人得到赔偿之前受偿。职工工资分为两个部分，一部分是在项目成立时支付 γL，另一部分是在清偿时支付$(1-\gamma)L$。

---

① 企业家可能会购买很多仅个人享用的东西，比如豪华的办公室和汽车等。只要投资人相信项目可以产生足够多的现金流，而且可以由合同条款充分予以保障，投资人就愿意借给企业家超过 $K+\gamma L$ 的资金。很多模型讨论过这方面的效率损失(Jensen and Meckling, 1976)，我们这里为简化而忽略这一问题。

最后，我们考虑无担保债权。假定无担保债权人的财产请求权为 R_J。无担保债权的受偿依赖于社会伤害 h 的大小，因为对无担保债权人的支付依赖于剩余的现金流 $Z=V-R_S-L-h$。但是，一旦出现破产清算，在本章模型的假设条件下，无担保债权人只能取得 Z 的一定比例现金流，这个比例由清算小组决定，姑且记为 $\tau_J(Z)$ 且 $\tau_J(Z)\in\{0,\max(Z,0)\}$。

企业在财务合同和劳动合同中的总支付记为 R，由上述三者之和组成，分别签订担保合同、劳动合同和简单的债务合同。我们把 R 表示为企业合同，合同的时序如图 4.1 所示。

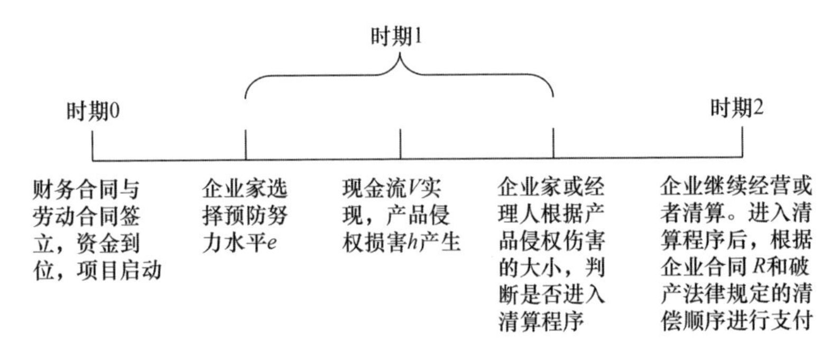

图 4.1　企业合同的时序

二、福利基准

在进一步分析之前，我们建立一个社会福利的基准。假定项目成立，则社会福利为：

$$\mathrm{SW}(e)=V-K-L-h(e)-e \tag{4-1}$$

这里 $h(e)$ 表示采取预防努力水平 e 时的社会伤害。V 是整个社会从项目上得到的事后总价值。社会伤害以及预防努力都要花费成本，资本投入也算作成本。也就是说，项目一旦成立，其价值就主要来自未来的现金流，这需要花费物质成本和劳动力成本，并且会导致一定努力程度下的社会伤害。从式(4-1)来看，财务合同和劳动合同以及借贷水平 K 都不会直接影响到社会福利。不过，融资结构会影响企业行为，由此影响社会福利。

如果存在一个社会计划者，由他设计社会最优福利问题，即决定企业采取何种预防努力水平 e。最优社会福利水平下采取预防努力水平 e 至少要满足的条件为①：

① 在 e 为连续而非离散的情况下，这一条件的意义更为明显。这里是离散的情况，我们更为灵活地理解这个成本，因为 c 值可能大小不定，所以我们可以调整后面的概率差值，仍然能够得到最优条件。

$$c=(\alpha-\beta)h_H+(\beta-\alpha)h_L \tag{4-2}$$

式(4-2)表明采取预防努力水平 e 的成本增加额 c，等于由此而引致的社会伤害概率下降所带来的总社会伤害减少额，满足这个条件才可以实现社会最优的福利水平。根据假设，在 $e=0$ 的情况下，$SW(0)=V-K-L-[\alpha h_H+(1-\alpha)h_L]>0$，这说明即使企业家不采取任何预防努力，项目对整个社会也仍然有价值。这个假设一来可以简化分析，二来大体符合现实，毕竟虽然每个项目都有潜在风险，但是对整个社会的期望收益而言仍然是值得追求的。

第四节　企业行为分析

在确定社会最优福利基准之后，我们来研究企业行为。现在，只考虑现行破产法律的清偿顺序，政府没有任何其他的管制措施，也就是没有对企业家和债权人以及职工规定任何产品侵权事件的责任原则，也没有对企业家本人的惩罚制度或者产品责任保险制度。这为后面对责任体系和公共政策的讨论留出了空间。若项目成立，则债权人的事后收益(ex post payoff)为：

$$\pi_{\text{lender}}(h,R)=R_S+\tau_J(V-R_S-L-h) \tag{4-3}$$

企业职工的事后收益为：

$$\pi_{\text{worker}}(h,R)=\gamma L+(1-\gamma)L=L \tag{4-4}$$

即使社会伤害 h 产生，对式(4-4)也不会有什么影响，即企业职工的事前收益(ex ante payoff)和事后收益相同。但债权人则不同，他们可能希望企业家采取某一预防努力水平，从而事前收益变为：

$$\Pi_{\text{lender}}(h,R,e)=R_S+\tau_J[V-R_S-L-h(e)]$$

同样，企业的事后收益为：

$$\pi_E(h,R)=\max\{V-R_S-L-\tau_J(V-R_S-L-h)-h,0\} \tag{4-5}$$

企业的事前收益为：

$$\Pi_E(K_E,R,e)=K_E-K-L+\pi_E(h,R,e)-e$$

$\pi_E(h,R,e)$是采取预防努力水平 e 之后企业家的事后收益，这是一个条件期望收益。这样一来，企业家就面临以下最优化问题：

$$\max_{(K_E,R,e)}\Pi_E(K_E,R,e)$$

约束条件有：

(IR)
$$\Pi_{\text{lender}}(h,R,e)\geqslant K_E$$
$$\pi_{\text{worker}}(h,R)\geqslant L$$

(IC)
$$e\in\arg\max_{e}\Pi_E(K_E,R,e)$$

参与条件(IR)保证债权人和职工在预期企业家采取预防努力水平 e 时，根据企业合同 R 至少要满足各自的机会成本。激励兼容条件(IC)表示当面临企业合同 R 时，企业家必须有激励选择预防努力水平 e。这必须是一个真正可信的约束，否则即使企业家事前承诺自己会采取某个预防努力水平也是不可信的。因为 e 只能为企业家自己能观察到，容易出现道德风险，从而使得社会对承诺的 e 不可置信。对于企业家来说，只要满足这两个条件即可实现企业的最优。

根据上面的分析，在不存在其他政府管制的条件下，企业行为满足下面这条引理。

引理　若 $SW(0)>0$，则有：对于任何可行的组合(K_E,R,e)(其中 $R_J>0$)，必存在一个可行的组合$(K_E,R',0)$(其中 $R_J=0$)，企业更偏好(K_E,R',c)；对于任何可行的组合(K_E,R',c)(其中 $\gamma>0$)，必存在一个可行的组合(K_E,R'',c)(其中 $\gamma=0$)，企业更偏好(K_E,R'',c)。

引理的证明参见本章附录 A。

引理表示，如果我们将融资额固定为 K_E，那么无论是社会最优还是个人最优，只要满足条件(4-2)，二者都要求选择完全由担保债权和职工债权组成的融资结构，而且从事前效率的角度考察，企业必然采取更高的预防努力水平。在给定 K_E 以及预防努力水平 $e=c$ 的情况下，从企业最优的角度看，尽量延迟支付工人工资至 V 和 h 实现之后总是可取的；而从社会最优角度看，由于劳动力市场是完全竞争的，工人可取得自己的保留效用①，而工资预先支付比例并不影响期望收益，因此结果并无差异。

现在考虑引理的结论，集中考察企业完全通过担保债权进行融资的情况。我们可以看到，一旦考虑了过度借贷对企业家效用之影响，事前收益的情况就会发生变化，企业行为变得和社会福利基准不相符合。企业发行担保债券以取得 $K_E\in[K,V]$，由于担保债权优先于侵权债权得到受偿，因此 $R_S=K$，此时 $\gamma=0$。根据式(4-5)，企业的事后收益为：

$$\pi_E(h,R)=\max\{V-R_S-L-h,0\} \tag{4-6}$$

企业的事前收益为：

$$\begin{aligned}\Pi_E(K_E,R,e)&=K_E-K-L+\pi_E(h,R,e)-e\\&=K_E-K-L+\max[V-R_S-L-h(e),0]-e\end{aligned} \tag{4-7}$$

很显然，企业家总是试图通过过度借贷来增加自己的收益，由于式(4-7)中 K_E 之后的部分并不随 K_E 的变化而变化，而 K_E 提高可以增加企业家的

① 保留效用指工人劳动的机会成本。

收益,因此企业家总是希望将未来收益全部抵押出去,即 $K_E=V$。

我们再来看企业家如何选择预防努力水平。考虑以下方程:

$$\Pi_E(K_E,R,c)-\Pi_E(K_E,R,0)=$$
$$\max\{V-R_S-L-h(c),0\}-c-\max\{V-R_S-L-h(0),0\} \quad (4\text{-}8)$$

假定企业家一旦将项目成立并运营下去,其社会福利价值为正,即 $SW(0)=V-K-L-(\alpha h_H+(1-\alpha)h_L)>0$。式(4-8)可改写为:

$$\beta\max\{V-R_S-L-h_H,0\}+(1-\beta)\max\{V-R_S-L-h_L,0\}-c-$$
$$\alpha\max\{V-R_S-L-h_H,0\}-(1-\alpha)\max\{V-R_S-L-h_L,0\}$$
$$=(1-\beta)(V-R_S-L-h_L)-c-(1-\alpha)(V-R_S-L-h_L)$$
$$=(\alpha-\beta)(V-R_S-L-h_L)-c \quad (4\text{-}9)$$

根据条件(4-2),且 $\alpha>\beta$, $\alpha,\beta\in[0,1]$,可知式(4-9)等于:

$$(\alpha-\beta)(V-R_S-L-h_L)-c$$
$$=(\alpha-\beta)(V-R_S-L-h_L)-(\alpha-\beta)h_H+(\alpha-\beta)h_L$$
$$=(\alpha-\beta)(V-R_S-L-h_H)<0 \quad (4\text{-}10)$$

也就是说,在没有公共政策和责任原则下进行干预,仅仅依赖现行破产法律关于企业破产清算清偿顺序的条款,企业家会尽可能选择不付出任何预防努力(即 $e=0$),并且所有融资都采用担保债权,从而会出现过度借贷,直到借贷额等于未来现金流 V 的价值。

第五节 责任原则与公共政策讨论

通过前文对现行破产法律规定的清偿顺序的效率分析,我们知道企业家会尽量将所有资产抵押出去以取得担保债权,并且没有动力提高对产品侵权风险的预防努力水平。本节主要讨论一些救济方法。在具体展开对救济方法的分析之前,为了从效率的角度更好地讨论和比较救济方法,我们需要设定一个更为现实的福利基准。

如果社会计划者能够控制企业除预防努力水平选择决策之外的一切行为,他就会选择令 $K_E\geqslant K$,而预先支付给企业职工的工资份额是无关紧要的,还要让债权人承担一定的责任 $l(h)$。当然,债权人也会因此在事前索要一个更高的利率作为回报。因为职工在现行的清偿顺序中排在侵权受害人之前,所以其预期收益总是等于其保留效用。这使得债权人和职工两方都能满足参与约束。要想使得企业按社会计划者的意愿行事,就必须满足激励兼容条件。社会计划者求解以下问题:

$$\max_{(K_E,R,e,l)} SW(K_E,e) \quad (4\text{-}11)$$

式(4-11)满足(IR)条件和(IC)条件，并且 $l(h)$ 是可行的。

因为存在企业家的道德风险问题，所以上述规划的解无法达到社会福利的最优水平。在 $l(h)=0$ 的情况下，社会计划者最多只能令 $K_E=K$，而企业家是否采取较高的预防努力水平则取决于其过度借贷情况。根据引理，可以知道企业家通过担保债权融资可以规避一部分侵权请求，这将提高他的剩余索取权，从而有动力采取高预防努力水平；但是，由于事前可以过度借贷，而过度借贷会恶化这种激励，使得企业家不愿意做出这种努力。如此一来，关于救济方法的讨论可以从对担保债权融资起到的正反两方面作用的权衡来比较社会福利。

一、侵权之债优先受偿

三鹿企业进入破产清算程序之后，一些学者出于公平的考虑，建议修改现行的破产清偿顺序，认为侵权之债应优先受偿。现在我们在上述分析框架的基础上，讨论这一建议的效率。

从事后来看，一旦发生产品侵权事故，无论是担保债权、无担保债权还是职工债权都将无法受偿，包括企业家在内各方的事后收益均为 0。这一事后结果最终将影响到事前各方签署的企业合同。由于预期到事后存在的产品侵权事故发生的风险，不论是担保债权人还是无担保债权人都将索要一个更高的利率。而工人为了取得至少与自己的机会成本相同的报酬，也会索要一个高于 L 的预期收入。考虑到工人一般为风险厌恶型，为了规避可能的侵权事故带来的收入损失风险，企业职工会要求事前支付所有的工资，即 $\gamma=1$。这种清偿顺序，使得企业家丧失了对担保债权和无担保债权的偏好差异。也就是说，使用担保债权融资无法提高其事后的剩余索取权，使得企业家不再有动力谋求担保债权融资。由于资本市场是完全竞争的，企业家总是可以借到必需的资金，他将更偏好无担保债权融资。① 在无任何抵押的情况下，企业家在融资时不会出现过度借贷问题，因而融资结构是全部为无担保债权——普通债权，此时的企业合同 $R=(R_J,\gamma=1)$。

现在的清偿顺序为侵权债权、职工债权和普通债权。我们来看各方事前收益。首先是企业职工，其事前收益为 L。其次是普通债权，其事前收益仍然要等于其贷出的资产(即 $K+L$)，为了得到这个预期值，普通债权人会索要一个较高的利率 r。

---

① 比如担保债权会增加现实中的签约成本等，在抵押融资方式已经无法得到规避部分侵权损害赔偿的情况下，企业家没有动力做这样的事。

当 $e=0$ 时，r_0 的计算式为：

$$\alpha\times 0+(1-\alpha)(V-L)(1+r_0)=K+L\Rightarrow r_0=\frac{K+L}{(1-\alpha)(V-L)}-1$$

当 $e=c$ 时，r_c 的计算式为：

$$\beta\times 0+(1-\beta)(V-L)(1+r_c)=K+L\Rightarrow r_c=\frac{K+L}{(1-\beta)(V-L)}-1$$

因为 $\alpha>\beta$，故 $r_0>r_c$。由于 e 值只能为企业家所观察到，债权人无法判断，因此债权人会尽量在事前索要一个较高的利率，从而抬高了融资条件。最后来看企业家，给定债权人所要求的较高的融资条件，企业家最好的选择只能是 $e=0$，则其事前收益为 $\alpha\times 0+(1-\alpha)[V-(V-L)(1+r_0)]$。

由此可知，若提高侵权受害人的受偿顺位，则企业的融资成本上升，融资条件恶化，而企业家的预防努力水平并不会因此而提高，反而是信息不对称造成的道德风险问题促使企业家选择以较低的努力程度面对侵权事故损害风险。这一救济方法虽然解决了企业家过度借贷问题，却没有解决甚至恶化了侵权事故发生的可能性。此外，由于融资成本增加，融资条件更为苛刻，若放开企业未来现金流无风险这一假定，则企业家承担的风险更大，融资难度也将增加，使得本来对社会有价值的投资项目可能无法得到足够的资金，从而造成更大的社会福利损失。

二、产品责任保险

产品责任保险[①]承保的是被保险人的侵权行为，且不以被保险人是否与受害人签订合同为条件，并且一般依据严格责任原则处理相关事务。只要不是受害人故意或者自伤所致，就可以从生产产品的企业获得经济赔偿并受到法律保护。如果在企业家实施项目时政府强制对该项目实施产品责任保险，由保险公司为侵权受害人提供赔偿保证，就可以保护侵权受害人的权益。若保险公司能够完美地监督和控制企业的预防努力水平，由此而确定保险费，则保险公司一定会要求企业家选择社会最优的预防努力水平。

然而在实际生活中，保险公司完美监督企业行为可能是一个非常不现实的假设，保险公司很可能无法充分、有效地监督企业的行为。在三鹿问题奶粉事件中，我们可以看到，国家食品检验检疫局都无法完全了解三鹿奶粉中

---

① 产品责任保险(product liability insurance)是指以产品制造者、销售者、维修者等的产品责任为承保风险的一种责任险。所谓产品责任，是指产品在使用过程中因缺陷而造成用户、消费者或者公众的人身伤亡或财产损失时，依法应当由产品供给方承担的民事损害赔偿责任。目前在我国，产品责任险种发展十分缓慢，相关的法律、法规还不很完善，执法力度也不够。随着《侵权责任法》的出台，这种状况有望得到改善。

的三聚氰胺含量,而保险公司在这方面的能力不会比国家相关检验检疫机构更高。如果缺乏监督,产品责任保险就会导致高额的保险费,加上道德风险问题的存在,企业的预防努力水平反而会降低。除了这一点,产品责任保险覆盖面不够广,即企业的资产只是部分对侵权受害者负责。比如在母公司和子公司中,如果只有子公司的产品投保了产品责任保险,那么母公司还是会存在过度借贷以规避对侵权受害人的赔偿。当然,如果产品责任保险覆盖面是完全的,那么就可以规避这一现象,但仍然解决不了保险费非常高的问题。

在上述两种方案之下,企业家都没有动力采取高预防努力水平以规避侵权事故的发生,因为侵权事故损失已经完全通过事前的保险合同转移给保险公司。这同样会恶化对企业家的预防激励。

三、有限优先原则

Che and Spier(2008)引入一种新的责任原则,他们称之为有限优先原则(limited seniority rules)。在有限优先原则下,担保债权人的优先请求权仅能以企业的初始物质资产投资为限。也就是说,企业不得就其未来的收益进行抵押,K_E-K 部分不再被当作优先债权进行清偿。根据 Che and Spier(2008)的分析,与侵权之债优先受偿相比,有限优先原则从事后看赔付给侵权受害人的金额更少,但是它保证了对企业家预防努力的最优激励。而且,有限优先原则尊重绝对优先原则(absolute priority rules),对保护投资人利益的现行破产法律规则改变最小。

但是,有限优先原则很可能缺乏实际操作性。因为政策制定者或者法官可能很难完美观察到上限 K 的具体情况,其在处理优先债权时要么过于慷慨,要么过于悭吝,这就对处理破产案件的法官以及政策制定者的能力提出非常高的专业要求。当然,如果能够有效解决这一限制,有限优先原则就不失为一项好的清偿政策。

四、利益相关者监督责任原则

为了提高企业家的激励以降低侵权事故发生概率,有必要对有关责任人进行责任追究。在此类组织中,利益相关者主要指企业家、债权人、职工和消费者。

如果实行无责任原则——企业家、债权人和职工无须承担侵权责任,那么所有的预防努力成本将转嫁给消费者。在完美信息的情况下,消费者预期到侵权事故发生的风险,会事先做出预防;企业为了应对预期侵权事故发生后的赔偿风险,会在事前提高产品价格,即通过提高产品价格来使得消费者预先支付预期损失的赔偿金。竞争性厂商为了以最低价格取得最大的市场份额,必然会提高自己的预防努力水平,尽量使得预期侵权事故风险发生概率最低,并由此向消费者索要一个较低的产品价格,在竞争市场上取胜。由此可知,在消费者对产品拥有完全信息的条件下,无责任原则下可以达到社会最优水平,使得企业家采取最优的预防努力水平。

但是,信息完美假设实在过于严格。如果消费者不能完美预期到侵权事故发生的风险,那些做出良好预防的企业就会因投入预防成本而无法在价格上与那些没有做出良好预防的企业竞争,由此最后的结果是那些采取预防的企业被赶出市场,只剩下那些没有采取预防的企业生存下来。因此,这种结果不可能是社会最优的。如果放开信息完美这一假设,那么关于无责任原则的讨论需要另文详述。

第六节 结 论

本章建立了一个分析企业侵权行为与破产清偿之间内在联系的模型。在这个模型里,我们试图说明,企业家总是希望通过融资结构的选择,在现有破产法律清偿条款的规定下,尽量规避未来可能的侵权赔偿。模型指明,企业家过度融资与规避侵权破产清偿两种行为的权衡问题存在根本性的冲突。我们进一步建立了基本的福利分析框架,为之后的责任原则与公共政策的分析提供思考的基础。本章还讨论了对这一问题的几种解决方案的优劣比较,分别对相关政策做出了有关经济效率的评价,这是以往文献未涉及的。至于最优公共政策或者最优的责任原则,我们需要考察具体的假设条件。如果放开信息完全、产品市场完全竞争以及法官判断能力这些假设,我们就要重新寻找最优的规避侵权破产的责任原则与公共政策,这是本领域进一步完善的方向。

附录 A 对引理的证明

证明

1. 证明引理的第一部分

证明(K_E,R',c)比(K_E,R,e)更为企业所偏好的过程有两步。

第一步,比较$(K_E,R,0)$和$(K_E,R',0)$对企业来说的事前收益。

$$\begin{aligned}
&\Pi_E(K_E,R,0)-\Pi_E(K_E,R',0)\\
&=K_E-K-L+\pi_E(h,R,0)-[K_E-K-L+\pi_E(h,R',0)]\\
&=\max\{V-R_S-L-h(0)-\tau_J[V-R_S-L-h(0)],0\}-\\
&\quad\max[V-R_S'-L-h(0),0]\\
&=\alpha\max\{V-R_S-L-h_H-\tau_J[V-R_S-L-h(0)],0\}+\\
&\quad(1-\alpha)\max\{V-R_S-L-h_L-\tau_J[V-R_S-L-h(0)],0\}-\\
&\quad\alpha\max(V-R_S'-L-h_H,0)-(1-\alpha)\max(V-R_S'-L-h_L,0)
\end{aligned}\tag{4-12}$$

当产品侵权造成的社会伤害为h_H时,根据前面的模型设定,企业资不抵债并进行破产清算,故式(4-12)的第一项和第三项为0;当产品侵权造成的社会伤害为h_L时,企业不会面临破产,式(4-12)可写为:

$$\begin{aligned}
&(1-\alpha)\{V-R_S-L-[\alpha h_H+(1-\alpha)h_L]-\tau_J[V-R_S-L-h(0)]\}-\\
&\quad(1-\alpha)\{V-R_S'-L-[\alpha h_H+(1-\alpha)h_L]\}\\
&=(1-\alpha)\{R_S'-R_S-\tau_J[V-R_S-L-h(0)]\}
\end{aligned}$$

由于企业使用担保债权取得所有融资额,而且此时企业并未资不抵债,从事后的结果来看,

$$R_S'=R_S+\tau_J[V-R_S-L-h(0)]=0$$

这是因为全部使用担保债权融资比部分使用担保债权融资多借入的部分,势必等于在部分使用担保债权融资后借入的无担保债权。我们可以看到,若不做出任何努力进行预防,则采取何种形式融资对企业而言并无差异。

第二步,比较$(K_E,R,0)$和(K_E,R',c)对企业来说的事前收益。

$$\begin{aligned}
&\Pi_E(K_E,R,0)-\Pi_E(K_E,R',c)\\
&=K_E-K-L+\pi_E(h,R,0)-[K_E-K-L+\pi_E(h,R',c)-c]\\
&=\max\{V-R_S-L-h(0)-\tau_J[V-R_S-L-h(0)],0\}-\\
&\quad\max[V-R_S'-L-h(c)-c,0]
\end{aligned}$$

$$
\begin{aligned}
&= \alpha \max\{V - R_S - L - h_H - \tau_J[V - R_S - L - h(0)], 0\} + \\
&\quad (1-\alpha)\max\{V - R_S - L - h_L - \tau_J[V - R_S - L - h(0)], 0\} - \\
&\quad \beta \max(V - R_S' - L - h_H - c, 0) - \\
&\quad (1-\beta)\max(V - R_S' - L - h_L - c, 0) \qquad (4\text{-}13)
\end{aligned}
$$

同样，一旦出现高伤害水平 h_H 企业就进行破产清算，故式(4-13)第一项和第三项为 0；当出现低伤害水平 h_L 时，式(4-13)可以写为：

$$
\begin{aligned}
&(1-\alpha)\max\{V - R_S - L - h_L - \tau_J[V - R_S - L - h(0)], 0\} - \\
&\quad (1-\beta)\max(V - R_S' - L - h_L - c, 0) \\
&= (1-\alpha)\{V - R_S - L - h_L - \tau_J[V - R_S - L - h(0)]\} - \\
&\quad (1-\beta)(V - R_S' - L - h_L - c) \\
&= (V - L - h_L)(\beta - \alpha) - (1-\alpha)\Big\{R_S + \tau_J[V - R_S - L - h(0)]\Big\} - \\
&\quad (1-\beta)(R_S' + c) \qquad (4\text{-}14)
\end{aligned}
$$

根据本章的模型假定，第一项为负值，第二项和第三项均为负值，故式(4-14)的结果小于 0。这说明企业家显然更偏好高预防努力。引理的第一部分得证。也就是说，如果企业家所拥有的项目总具有正的社会价值(即 $SW(0)>0$)且不考虑事前的过度借贷，企业家就会弱偏好使用担保债权进行融资，而且会有激励采取高预防努力水平以提高自己的剩余索取权。

2. 证明引理的第二部分

容易看出，支付给工人的工资并不影响企业家的事后收益，但是 γ 越小，越可以使得企业家在事前将通过过度借贷所得到的融资额 $K_E - K - \gamma L$ 更多地用于企业家的个人消费，从而提高企业家的效用水平，由此企业会选择尽量拖欠工人工资。

证毕。

第五章　消费者异质性条件下的企业产品侵权行为与对策分析

如果市场是竞争性的，逆向选择问题就不会存在。

——让-雅克·拉丰

第一节　引　　言

在产品侵权领域，人们往往关注企业生产的假冒伪劣产品侵犯消费者的行为。也就是说，我们更关注在监督不够完善以及监督成本高昂的情况下，厂商的道德风险行为。近年来多发的产品安全事件，多半与这类侵权行为有关，有的甚至酿成大规模的侵权事故，如三鹿问题奶粉事件及瘦肉精事件。这类产品安全问题，的确是与生产厂家的不道德行为密切相关，也反映了我国在产品安全监督以及最低质量标准的制定上亟待改善。法律经济学文献对这类事故的分析往往从企业道德风险和消费者对产品安全隐患不够了解的角度入手。Spence(1977)显然是较早对这一问题进行研究的学者，他就是以消费者在产品安全认知方面存在不足作为假设前提。

然而在现实生活中，尤其是在发展中国家，的确存在这样一类现象，那就是不同的消费者因消费习惯的不同而导致产品事故发生概率存在差异。虽然这些消费者对产品安全有所认知，但是消费习惯的极大不同或者消费安全意识的不同，往往产生了不同产品安全事故发生的可能性。尤其是在当下的中国，东南沿海(比如江浙、上海一带)的城市化程度较高、消费文化相对悠久，人们在消费产品的过程中积累了很多的经验和教训，安全意识较高；而在内陆的很多地区，人们的消费意识尚且无法达到这样的高度。不同地区的消费差异容易造成产品安全事故发生上的差异。这类问题在厂商看来就是一个逆向选择问题。也就是说，市场上存在两类消费者，但厂商在消费者购买产品之时不能无成本地区分两者的类型。对两类消费者都执行同样的价格和提供同样的产品质量往往并不是厂商的最优选择；但事实上，无论是我国还是世界上大部分工业化国家，近年来都开始使用严格侵权责任原则

(Priest,1991),而且我国《合同法》还明确规定,造成人身侵害的免责条款一概无效,这种情况也适用《侵权责任法》的有关规定。那么,这些法律规定背后的福利后果和均衡含义如何呢？在我们提及的存在逆向选择条件的经济效率考量中有何作用？

本章探讨这一产品安全风险的逆向选择问题。首先从逻辑的角度说明上述问题并不存在混同合同条件下的均衡,然后就此探讨法律的最优运行,对公共政策的运行给出一个评判的依据。

第二节　模型的背景故事和相关文献

一、背景故事

本章所讨论的基础背景如下:假设市场上存在两个消费者,他们各自造成产品风险伤害的概率不相同,我们称第一个消费者为张三,第二个消费者为李四。市场上的厂商生产这一有潜在侵害风险的产品,他可以选择高努力生产,也可以选择低努力生产。如果他采取高努力生产水平,风险降为5%;如果他选择低努力生产水平,风险将达10%。张三消费该产品相对比较粗心,容易造成对自己与他人的伤害。由于证明这类伤害是否为产品缺陷导致是比较困难的,法院很难将这类责任判定为消费者过错。假定张三消费这种商品产生的风险在产品本身的风险基础上还会提高10%。也就是说,当生产者以低安全风险系数生产时,张三使用产品造成侵权风险的概率高达15%;当生产者以高安全风险系数生产时,张三使用产品造成侵权风险的概率高达20%。李四相对比较谨慎,在对待商品消费上总是希望了解更多的知识,使用产品时相对小心,因此他在消费这类商品时几乎不会增加侵权伤害风险。也就是说,当生产者以低安全风险系数生产时,李四使用产品造成侵权风险的概率为5%;当生产者以高安全风险系数生产时,李四使用产品造成侵权风险的概率为10%。假设企业生产某种产品,在高努力生产条件下,他可以将风险降到5%,但是要付出成本 c,一旦造成伤害——转换为货币 h,那么 $c\leqslant\frac{5}{100}h$。在完全竞争且成本信息为共同知识的条件下,$c=\frac{5}{100}h$。当 $c<\frac{5}{100}h$ 时,厂商会尽量采取高努力安排生产。但是如果厂商只了解市场上存在这样两类消费者,并不能准确加以区分,他就会根据两类消费者占比,取其加权值进行定价。假定严格责任下厂商会完美赔偿且赔偿资金只能来自产品销售收入,这就会出现对谨慎的消费者来说定价过高而对粗心的消费

者来说定价偏低的情况。换言之,谨慎的消费者事实上是补贴了粗心的消费者,为后者的不当行为承担了一部分责任。后果将会是这样的:谨慎的消费者会减少消费从而低于市场效率水平,粗心的消费者会增加消费从而高于市场效率水平,导致市场失灵。

二、相关文献

解决这一问题的经济学方案就是信号理论,即谨慎的消费者会通过发送信号使自己与粗心的消费者相区分。但是,由于法律规定的适用原则并不赞同这种私人合同,而偏向于厂商严格责任,信号模型的结果似乎并不能完善地运用于这个问题的解决。尽管市场力量会为企业提供提高产品安全水平的激励,因为如果消费者相信产品风险很高,他们就会尽量避免购买或以低价做出回应。但是,一旦涉及这类逆向选择,问题就会显得更加复杂。Polinsky and Shavell(2010)认为,至少就那些在市场上广泛售卖的产品来说,市场的力量可以保证对厂商的最优激励,不需要运行费用高昂的责任体系和政府管制手段,从而对现行法律的严格责任趋向提出疑问。很多法律学者(Ausness,2000;Schwartz,1988;Priest, 1981,1991)甚至认为,消费者和厂商之间通过契约的方式可以自行设计相关归责条款,允许他们就产品相关风险达成协议,让承担责任所付出成本较低的一方承受风险,进而提高社会福利水平。Hamada(1976)认为,消费者在购买时能够比较容易了解产品安全状况的,生产者责任是没有必要的,因为消费者自然会支付给产品安全较高水平的厂商更高的价格。但是,上述文献均没有考虑来自消费者风险类型差异对产品安全风险的影响。

Oi(1973)最早考察了消费者异质性问题,但他分析的是消费者对产品安全属性的估价不同,并不是消费者在造成产品风险方面存在不同类型。他认为,当消费者是异质性的——他们在对产品安全的估价不同且价格歧视又不可能发生时,严格责任将恶化市场结果。因为严格责任要求厂商严格承保所有侵权事故发生的风险,使得厂商丧失甄别消费者的机会,无法为不同的消费者提供不同的产品安全标准,从而造成社会资源的浪费。Spence(1977)指出,当消费者系统性地低估产品风险时,生产者严格责任可能是社会最优的;但是如果这一条件得不到满足,市场可能就会提供低于最优水平的产品安全质量。Epple and Raviv(1978)、Polinsky and Rogerson(1983)、Geistfeld(1995)、Schwartz(1988,1992)都是沿着这一思路继续拓展模型并展开研究。

Hay and Spier(2005)表明,即便消费者能够正确感知到产品安全风险,但是逆向选择的存在使得低风险的消费者仍有激励接受次优的风险承保并支付较低的价格。由于不存在消费者对风险的误识，如果消费者在使用产品过程中对第三方造成伤害，此时产品责任原则就应当发挥作用，但消费者可以逃脱惩罚（Choi and Spier，2010）。也有文献认为，如果消费者在购买产品时无法观察到产品安全风险，严格责任就为更好的产品设计提供了激励。Daughety and Reinganum（1995）认为，责任原则便利了生产者通过价格发送关于产品质量的信号。Daughety and Reinganum（2007，2008）正式针对生产者在产品安全上欺骗消费者的行为进行建模，但相关结果都不支持市场自我治理机制。

本章与上述文献颇为相类，但基本结论却与之相反。本章给出的结论是，理性的消费者可以通过与企业之间的自由契约将产品安全侵权问题予以内部化。这一结论不强调消费者对产品可能存在的错误认知，而仅仅假定在使用产品时存在不同类型的消费者，而消费者类型与产品安全风险相关，但是这种相关性是外生给定的。正是在这样的基础上，我们讨论了公共政策的社会福利后果，并对可能的改革方向提出了建议。

第三节　基本模型

一、模型假设

假定某个有着潜在侵权风险的产品市场上有一群消费者，他们的偏好类型用 $\tilde{\theta}$ 表示，这里 $\tilde{\theta}\in\{\theta_H,\theta_L\}$，其中 $\theta_i\in(0,1)$ 且 $\theta_H>\theta_L$。我们用 θ_H 表示高风险类消费者，对这类消费者来说产品发生侵权事故的概率为 θ_H；用 θ_L 表示低风险类消费者，对这类消费者来说产品发生侵权事故的概率为 θ_L。在人群之中，高风险类消费者所占比例为 P，低风险类消费者所占比例为 $1-P$，$P\in[0,1]$。生产者不知道消费者的消费类型，因而对于任意一个消费者来说，厂商估计风险发生的概率为 $\bar{\theta}=P\theta_H+(1-P)\theta_L$。无论是哪一类消费者，消费 1 单位产品可以获得价值为 u 的效用，一旦发生侵权事故，他就将遭受价值为 h 的伤害。产品发生侵权事故的概率取决于两个方面的因素：一是消费者类型，二是生产者对产品安全质量属性 s 的决策。这里，我们把 s 视为产品安全系数，系数值越高说明产品安全性能越好，而且 $s\in[0,\theta_L)$。我们把类型为 θ_i 的消费者发生侵权事故的概率设定为 $q(\theta_i,s)=\theta_i-s$，把生产者在给定的产品安全系数水平下生产产品的单位成本设定为 $c(s)$，这里 $c'(0)=0$，$c'(s)>0$，$c''(s)\geqslant0$，且 $\lim\limits_{s\to\theta_L}c(s)=\infty$。为不失一般性，我们将产品生产的固定成本标准化为 0。

每个生产者在事前提供这样一份合同(p,w)。其中，p 表示产品的价格，w 表示事前承诺发生侵权事故造成伤害 h 之后所给予的赔偿金额。如果类型为 θ_i 的消费者选择了采用产品安全系数为 s 的生产者提供的合同(p,w)，那么消费者的期望效用为 $u-p-q(\theta_i,s)(h-w)$，生产者的期望利润为 $p-c(s)-q(\theta_i,s)w$。当然，如果消费者不做购买决策，那么他将实现保留效用，即零效用。假设市场结构是完全竞争的，厂商可以自由进出市场。

二、博弈时序

上述博弈的时序如图 5.1 所示：在时期 0，大自然选择了消费者类型；在时期 1，企业提供合同(p,w)并选择产品安全系数 s，虽然企业无法观察到消费者类型，但是可以根据消费者类型期望值提供合同；在时期 2，消费者观察到市场上的所有合同，开始选择某家企业提供的产品进行购买并支付价格 p；在时期 3，购买商品的消费者可以取得价值为 u 的总效用，而且产品安全事故以$q(\theta_i,s)$的概率发生。一旦事故发生，企业承诺支付的赔偿金 w 即转移给遭受伤害的消费者。

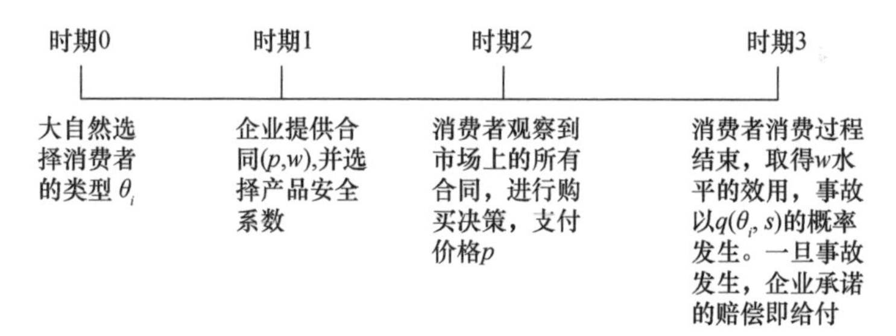

图 5.1 博弈的时序变化

现在假定存在一个全知全能的社会计划者，他知晓每个消费者的类型，并据此指导生产者的决策。对于消费者来说，消费者剩余为$u-p-q(\theta_i,s)(h-w)$；对于生产者来说，生产者剩余为 $p-q(\theta_i,s)w-c(s)$。因此，这个社会计划者的总剩余为：

$$\begin{aligned} \text{TSS} &= u-p-q(\theta_i,s)(h-w)+p-q(\theta_i,s)w-c(s) \\ &= u-q(\theta_i,s)h-c(s) \end{aligned} \tag{5-1}$$

因 $q(\theta_i,s)=\theta_i-s$，故式(5-1)又可写为：

$$\text{TSS}=u-\theta_i h+sh-c(s) \tag{5-2}$$

对式(5-2)求取 s 的一阶导数，即可得到社会最优安全系数的一阶条件为：①

① 这里主要根据事故概率函数的可分可加性而推导得出。

$$\mathrm{TSS}'(s)=h-c'(s)=0 \tag{5-3}$$

即满足 $h=c'(s)$ 的生产者产品安全系数 s 才有实现社会最优剩余的可能。

从式(5-3)可以知道社会最优产品安全系数与消费者类型无关。令 s^* 表示最优的产品安全系数，解式(5-3)这个隐函数，可以求得 $s(h)=s^*>0$，给定承诺的赔偿为伤害数额时，生产者会做出最优产品安全系数决策。

生产者在做出最优产品安全系数决策之后，我们得到新的社会总剩余为：

$$\mathrm{TSS}=u-(\theta_i-s^*)h-c(s^*) \tag{5-4}$$

如果式(5-4)大于0，即 $u>(\theta_i-s^*)h+c(s^*)$，那么 θ_i 类型消费者的购买决策从社会角度看是有效率的；相反，如果式(5-4)小于零，那么消费者的购买决策是社会无效率的。这样会产生三种结果。第一种结果为：

$$u\geqslant(\theta_H-s^*)h+c(s^*)>(\theta_L-s^*)h+c(s^*)$$

此时将产品卖给两类消费者都是社会有效率的。第二种结果为：

$$(\theta_H-s^*)h+c(s^*)>u>(\theta_L-s^*)h+c(s^*)$$

此时只将产品卖给低风险类型消费者才是社会有效率的。第三种结果为：

$$(\theta_H-s^*)h+c(s^*)>(\theta_L-s^*)h+c(s^*)>u$$

此时市场崩溃，生产者退出该种产品市场是社会最优结果。也就是说，强制生产者在最优产品安全风险系数处进行生产，当出现第一种结果时，只要价格在 $(\bar{\theta}-s^*)h+c(s^*)$ 和 u 之间(当然也包括两端)，消费者就愿意接受价格；而在这个价格区间，生产者也愿意按社会最优水平将产品供给两类消费者。当出现第二种结果时，生产者可以稍微降低 w 并使之低于 h，而且价格也可以稍微低于 u，但必须保证这些降低的值仍然要确保低风险类型消费者严格偏好购买该产品，而高风险类型消费者严格不偏好购买该产品，这样生产者可以只将产品提供给低风险消费者，从而实现社会有效率。当出现第三种结果时，生产者退出市场才是社会最优结果，市场不再存在。

如果生产者可以观察到消费者类型，从而通过合同来完美地区分不同类型的消费者，那么完全信息均衡由以下合同给出：

$$(p_i,w_i)=((\theta_i-s^*)h+c(s^*),h) \tag{5-5}$$

在第一种结果下，i 可以任取两种消费者类型；在第二种结果下，i 只取 L。在第一种结果下，根据式(5-5)，所有企业都将做出全面承保损害的承诺，即 $w_i=h$ 且 $s=s^*$，价格也会根据其不同的风险类型做出充分调整。很显然，在这种情况下，高风险类型消费者应当支付高价格，低风险类型消费者给出的则是相对比较低的价格，因为高风险类型消费者群体发生侵权事故的可能性要大于低风险类型消费者群体，而提供全面的风险承保需要花费更高的成本。在第二种结果下，生产者只愿意将产品卖给低风险类型消费者，竞争性厂商提供的合同为 $(p_L, w_L) = [(\theta_L - s^*)h + c(s^*), h]$。高风险类型消费者将得不到企业的产品服务，在信息完美的条件下，社会福利和消费者剩余都是最大化的。

到这里我们可以看到，假如社会计划者充当了生产商的角色来设计合同，他就可以根据不同的消费者类型进行不同的设计，使得每种风险类型消费者都能各得其所，消费者得以实现效用的最大化，而且生产者也可以最大化自身利润，社会福利的最大值得以实现。

但是，假如不存在这样的社会计划者，即我们无法观察到消费者类型，那么此时市场均衡会不会达到社会有效率状态呢？

第四节　信息不对称条件下的市场均衡

如果没有任何侵权法律介入，那么市场自身能否很好地解决信息不对称问题？也就是说，生产商是否可以在社会最优水平下区分两类消费者，分别向他们提供产品，并把产品安全风险系数固定在 s^* 的水平上呢？由于我们假定市场结构是完全竞争市场，因此企业进入市场没有任何成本。生产者向消费者提供合同(p, w)，消费者在做出购买决策之前可以观察到所有厂商的合同。虽然消费者无法在购买时观察到生产者所选择的产品安全风险系数，但是他们可以根据生产者提供的合同做出合理的推断。同样，每个生产者会根据各自期望吸引的消费者群体而选择不同的产品安全风险系数及企业合同。当生产者和消费者的决策一致时，市场均衡就得以实现。

现在放宽信息完美的假设，从而生产者无法观察到消费者类型。在第一种情况下，如果风险承保是完全的，即生产者赔偿一切侵权损害，那么高风险类型消费者一定也和低风险类型消费者一样，倾向于企业给低风险类型消费者提供的购买合同；在第二种情况下，生产者同样无法阻止高风险类型消费者接受他们提供给低风险类型消费者的购买合同。一旦高风险类型消费者在低价格 p_L 上购买商品，生产者就会遭受损失。

我们来看是否存在市场均衡。如果市场均衡存在，那么竞争性企业将不得不将价格定在平均成本处，即 $p = q(\bar{\theta}, s)w + c(w)$。很显然，在这种合同下，低风险类型消费者给付的保险费过高，而高风险类型消费者给付的保险费又过低了，也就是低风险类型消费者对高风险类型消费者给予了补贴。一旦意识到这一点，企业就会尽量吸引低风险类型消费者，从而脱离这种混同均衡。吸引方式可以是提供更少的风险承保，实际上也就降低了产品价格，企业由此可以获得一个严格为正的利润。从低风险类型消费者的角度讲，为了证明自己是低风险类型消费者，他们也会极力向市场发送信号，并且努力寻找低价和低风险承保的合同。因此，我们假定的这种混同均衡并不存在。由此，我们可以得到以下引理：

引理　在信息不对称的条件下，市场将不存在一个混同的竞争性均衡，使得生产者可以凭借单一的合同服务于两类消费者。

引理的证明参见本章附录 B。

假如市场均衡存在，根据引理，我们知道那一定是分离均衡。也就是说，在两类消费者都应当得到产品服务的第一种结果下，分离均衡包括两类合同：(p_H, w_H)和(p_L, w_L)。高风险类型消费者选择前者，低风险类型消费者选择后者。在只有低风险类型消费者才应当得到产品服务的第二种结果之下，高风险类型消费者将得不到任何适合自身的合同，低风险类型消费者可得到均衡合同(p_0, w_0)。此时，若高风险类型消费者接受这一合同，则其境况将比不购买商品还要差。那么，在没有任何责任原则的干预之下，市场自身能够实现这类分离均衡吗？

(1) 第一种结果，即两类消费者都应当得到产品服务的情况。

在第一种情况下，生产者为两类消费者均提供产品服务，并且市场提供全部的风险承保，此时最优的产品安全风险系数 s^* 才是社会有效率的。根据引理，我们知道若这一均衡存在，则生产者必然要提供两种不同的合同(p_H, w_H)和(p_L, w_L)才能满足效率条件。这种分离均衡必然是以下规划的解：

$$\max_{(p,w)} P[u - (\theta_H - s_H)(h - w_H) - p_H] +$$

$$(1 - P)(u - (\theta_L - s_L)(h - w_L) - p_L)$$

约束条件为：

$$c'(s_i) = w_i$$

$$p_i - (\theta_i - s_i)w_i - c(s_i) \geqslant 0$$

$$u - (\theta_i - s(w_i))(h - w_i) - p_i \geqslant u - (\theta_i - s(w_j))(h - w_j) - p_j$$

第一个条件是企业所选择的相应的产品安全系数需要满足的边际等式；第二个条件是企业利润非负这一竞争性市场条件；第三个条件就是典型的逆向选择中的激励兼容约束条件，即每一个消费者至少应该弱偏好于选择为自身(消费者)类型所设定的合同。

命题 1　在第一种情况下，社会有效率是在最优产品安全系数下为两类消费者均提供产品服务。如果竞争性纳什均衡存在，企业就必然为高风险类型消费者提供全额风险承保，而低风险类型消费者得不到全部风险承保，即

$w_L < h$。此时，企业的产品定价分别为：

$$p_H = (\theta_H - s^*)h + c(s^*)$$
$$p_L = [\theta_L - s(w_L)]w_L + c[s(w_L)]$$

这说明，如果我们不规定责任原则而允许生产者和消费者自由订约，那么当两类消费者都应当得到供给产品时，低风险类型消费者可以得到较低的价格但得不到全部风险承保，高风险类型消费者固然可以得到全部风险承保但不得不付出较高的价格。虽然命题1概括了纳什均衡的特征，但它不能保证纳什均衡必然存在。由于逆向选择问题，纳什均衡的存在性值得深入探究。在这个分离均衡中，每种风险类型的消费者都取得了一定量的消费者剩余。然而，如果为两类消费者提供产品的平均成本足够低，企业就可以提供单一合同来吸引两类消费者，并且取得严格为正的利润。同时从引理可知，这样的混同合同不可能是均衡的结果。为了保证均衡存在，我们要保证为两类消费者提供产品的平均成本不能太低。推论1给出了均衡存在性的条件：

推论1　若满足$[\bar{\theta} - s(h)]h + c[s(h)] \geqslant [\theta_L - s(w_L)](h - w_L) + [\theta_L - s(w_L)]w_L + c[s(w_L)]$，则此时不存在有正利润空间的偏离，即分离纳什均衡存在。

总之，当服务两类消费者且处于社会最优水平时会出现两种结果：第一，当提供产品的平均成本满足推论1中的严格不等式（即大于而非大于等于）时，竞争性分离均衡存在。在这一分离均衡中，企业提供给低风险类消费者不完全的风险承保，以便通过这种合同将低风险类型消费者甄别出来；但是，由于风险承保是不完全的，因此企业的产品安全系数不是最优水平，即$s < s^*$。第二，当提供产品的平均成本不满足推论1中的不等式时，市场崩溃就是必然的。即使消费者都对产品赋予较高的估值，甚至超过完全风险承保下的产品生产成本也是如此。

(2) 第二种结果，即产品只提供给低风险类型消费者的情况。

在第二种情况下，有$(\theta_H - s^*)h + c(s^*) > u$，就是说不论生产者的风险承保是否全面，将产品提供给高风险类型消费者的社会福利均为负。此时的最优结果是，为低风险类型消费者提供全部风险承保，企业选择最优的产品安全系数，即$s = s^*$。遗憾的是，这一竞争性均衡的结果可能无法达到，因为在全面承保的情况下，两类消费者都有支付u的意愿而企业的定价又不到u，生产者无法阻止高风险类型消费者也购买该产品。为了阻止高风险类型消费者参与市场竞争，均衡状态下的低风险类型消费者得不到全部风险承保。

假设在竞争性的分离均衡中，所有企业都为低风险类型消费者提供购买

合同(p_0, w_0),企业选择的产品安全系数由 $c'(s_0)=w_0$ 给出。这一均衡为以下均衡问题的解:

$$\max_{(p_0, w_0)} P[u-(\theta_L - s_0)(h-w_0)-p_0]$$

约束条件为:

$$c'(s_0)=w_0$$

$$p_0-(\theta_L - s_0)w_0 - c(s_0) \geqslant 0$$

$$u-(\theta_H - s_0)(h-w_0)-p_0 \leqslant 0$$

第二个条件是企业利润非负条件,即竞争性市场条件;第三个条件是高风险类型消费者的激励兼容约束,即高风险类型消费者购买该产品是不划算的。

命题 2　在第二种情况下,社会有效率是在最优产品安全系数下仅为低风险类型消费者提供产品服务。如果竞争性纳什均衡存在,企业就必然为低风险类型消费者提供不足额的风险承保(即 $w_0<h$),高风险类型消费者退出市场,只有低风险类型消费者进行购买决策。此时企业的产品定价为:

$$p_0=[\theta_L - s(w_0)]w_0 + c[s(w_0)]$$

和前文一样,我们看到这一竞争性均衡的特征直观上颇具吸引力。但是,它的存在性是不是一定有保证呢?与第一种情况下的回答类似,也是未必。即便将产品提供给高风险类型消费者是社会无效率的,但是如果提供给两类消费者的产品的平均成本充分低,企业通过混同合同就可以偏离上述分离均衡。考虑到引理,再加上低成本这一条件,表明竞争性纳什均衡解不存在。和第一种情况一样,为了保证均衡的存在性,我们有以下推论:

推论 2　若满足 $(\bar{\theta}-s^*) \geqslant [\theta_L - s(w_0)](h-w_0)+[\theta_L - s(w_0)]w_0 + c[s(w_0)]$,则此时不再有正利润空间的偏离,即分离纳什均衡存在。

推论 2 的内容很直观。在分离均衡解(p_0, w_0)中,低风险类型消费者可以获得一定量的剩余,即总效用减去推论 2 中不等式右边所得。如果企业想偏离均衡而提供全部风险承保,它就将吸引两类消费者。如果提供全部风险承保的产品平均成本不满足推论 2 中的不等式,企业就存在偏离正利润的动机。它可以将价格设定在推论 2 中不等式左右两端值的中间,从而吸引两类消费者并取得严格为正的利润。高风险类型消费者也会取得正效用。由于低风险类型消费者可以取得更大比例的剩余,也会喜欢这一偏离。为了阻止这样的偏离,企业必须将提供全部风险承保产品的平均成本定位于 u 减去推论 2 中右端式子所得的值之上,否则均衡将不存在。如此一来,再有企业偏离均衡而服务于高风险类型消费者,其必然蒙受损失。

第五节　责任原则与公共政策

本节讨论对上述逆向选择问题予以回应的最优公共政策。针对信息不对称引发的消费者逆向选择问题，从逻辑上看，生产者无法提供混同合同为两类消费者提供产品从而实现市场均衡，在两种不同的情况下，生产者可以通过设计分离合同，在满足两个推论所要求的条件下实现分离均衡。假设政府现在充当社会计划者，但是只能决定销售合同中的风险承保额 w，而无法控制价格。

(1) 在消费者责任原则下，生产者完全不需要为所发生的侵权损害进行任何赔偿，由消费者承担全部侵权风险，消费者可以选择保险市场对此投保。假定保险市场是完全竞争的，此时生产者提供的产品销售合同为$(p,0)$(即完全不承担风险)，它的期望利润为 $p-c(0)$。由于不承担任何风险，生产者选择的产品安全系数为 0。两类消费者必须自己承担风险损失，其做法只能是向保险公司购买保险。根据上一节的分析，保险公司可以选择承保范围，根据竞争性市场的特性，在收支平衡时其提供的保险分别为(D_H,h)和(D_L,w^0)，其中 D_i 表示消费者需要向保险公司缴付的保险费且 $D_H>D_L$，$D_i=\theta_i h$；w 为承保风险额度。可以看出，(D_H,h)下承保所有风险，但要收取较高的保险费；(D_L,w^0)下虽然不承担所有额度的风险赔偿，但保险费相对较低。根据 Rothchild and Stiglitz(1976)的观点，由于保险公司提供的保险可以有效地将不同风险类型的消费者甄别出来，因此在保险市场上存在分离均衡。但是，无责任原则将诱发生产者的道德风险，即市场上的产品安全质量总是停留在最低水平上，这并非社会最优的产品安全系数，因此无法达成有效率的社会结果。

(2) 在生产者责任原则下，无论有无过错，生产者均需承担侵权损害赔偿，政府强行规定 $w=h$ 这一合同条款，即所有生产者都必须承保所有风险。根据引理，生产者不可能提供混同合同。那么，我们分两种情况讨论，第一种情况是两类消费者都应当获得产品供应的情况，即

$$u \geqslant (\theta_H - s^*)h + c(s^*) > (\theta_L - s^*)h + c(s^*)$$

在这种情况下，分离均衡在满足推论 1 的条件下是存在的，但是根据命题 1，严格责任原则将不支持低风险类型消费者的合同，分离均衡成立的条件由此被破坏而无法成立。在第二种结果下，即

$$(\theta_H - s^*)h + c(s^*) > u > (\theta_L - s^*)h + c(s^*)$$

此时只供应产品给低风险类型消费者购买才是最优的。但是根据命题 2，消

费者对低风险提供的承保额度是不足的，如果严格按照生产者责任原则，推论 2 中的不等式就不再成立，这一均衡的存在性也就存疑了。因此，严格责任原则（即生产者责任原则）也无法保证市场本可实现的均衡结果。我们认为，正是法律对市场的这种介入，使得市场本来可以实现的效率无法实现。这样的论点印证了 Polinsky and Shavell(2010)的观点，即市场运行的有效性可以在产品安全问题上发挥效率作用。

我们支持生产者与消费者达成免责合同。本章讨论的是消费者操作不当或者消费者在消费产品过程中出于本人的原因造成对他人的伤害，对于这类伤害，法院往往无法予以清楚地界定。因此，允许消费者与生产者达成免责合同，有助于市场中分离均衡的实现，从而在不同类型的消费者群体中实现社会效率。在现实生活中，生产者可以提供附带免责条款的合同给消费者，以甄别不同的消费者类型。也就是说，通过设定免责的风险范围，可以甄别出低风险类型消费者，即愿意接受某类免责条款的消费者必然是低风险类型消费者。

第六节　结　　论

根据上文的分析可知，关于产品的侵权风险问题，市场本身可以通过提供不同的合同自行解决，即实现将低风险类型消费者和高风险类型消费者相区分的分离均衡。在分离均衡情况下，生产者依然可以提供最优的产品安全系数，从而保证社会有效得以实现。根据这一逻辑，侵权责任法律对这类问题将不适用，因为市场并未出现失灵；同时，合同法律也不得干预生产者与消费者达成的任何免责条款。这一论点的背景必须明确，那就是消费者了解生产者在生产过程中的产品质量水平，并且消费者本身是理性的、成熟的购买者，只是在使用产品过程中存在不同的导致产品安全事故的概率风险。

我们根据经济效率的考量，针对消费者逆向选择条件下的产品安全问题进行分析，对当前的产品安全政策倾向提出疑问。尤其是在当前产品安全的打击力度不断加大、运动式地打击相关生产厂家的背景下，只有理性地看待市场和法律的关系，理性地看待市场与管制的内在互补关系，才是解决产品安全问题更好的方向。唯有深刻地理解市场，法律和管制才具有合法性与经济意义。否则，不当的法律和管制措施或许会导致这样的结果：在消灭市场有害结果的同时，也消灭了市场原本有益的功能，这样的法律和管制政策或许是得不偿失的。

附录 B　对引理的证明

证明

使用反证法。

假设存在这样的混同均衡，生产者可以为两类消费者提供统一的合同(p_0, w_0)，使得买卖双方能够取得一致性的决策。产品安全风险系数s_0由$c'(s_0)=w_0$给出。由于是完全竞争的市场，因此在均衡状态企业取得零利润，即$p_0=(\bar{\theta}-s_0)w_0+c(s_0)$。在价格水平$p_0$下，两类型消费者都愿意做出购买决策，此时均衡合同必须满足$p_0\leqslant u-(\theta_H-s_0)(h-w_0)$。

假定$0<w_0<h$。考虑合同(p_1, w_1)，使得$w_1=w_0-\varepsilon$和$p_1=p_0-(h-w_0)[s(w_0)-s(w_1)]-\varepsilon[\bar{\theta}-s(w_1)]$。$p_1$表示消费者的平均类型从降低风险承保额中所得到的预期价值的边际减少量，其中风险承保额减少ε。p_1严格小于p_0，虽然这种小可能是无穷接近于该值。当$u-[\theta_i-s(w_1)](h-w_1)-p_1>u-[\theta_i-s(w_0)](h-w_0)-p_0$时，类型为$\theta_i$的消费者严格偏好修订后合同$(p_1, w_1)$胜过原合同$(p_0, w_0)$。我们将$p_1$和$w_1$代入不等式，可以得到$\theta_i<\bar{\theta}$。由此可以看出，只有类型为$\theta_L$的消费者才会严格偏好修订后合同，高风险类型消费者则偏好原合同。因为$(\theta_L-s_1)w_1+c(s_1)<(\bar{\theta}-s_0)w_0+c(s_0)$，通过将产品卖给低风险类型消费者，修订合同的企业可以得到严格的正利润。

由此，我们发现假设不成立，即总会有企业希望修订原合同(p_0, w_0)，从而偏离混同均衡。

证毕。

第六章 产品质量安全背景下侵权判决规避问题的市场化解决方案

我不是可怕的海盗罗伯茨，我的名字叫瑞安。真正的罗伯茨早在 15 年前就退休了。这个名字对于激发必要的恐惧真是一件重要的家什。

——《公主新娘》中海盗维斯特雷的对白

第一节 引 言

中国的产品制造业发展到今天，其转型升级亟须依靠提高产品质量来推动。[①] 习近平总书记 2014 年视察河南时提出，要推动中国制造向中国创造转变，推动中国速度向中国质量转变，推动中国产品向中国品牌转变。同期，李克强总理也指出，中国经济要再创奇迹、再创辉煌就必须着力于提高产品质量，要以质量提升对冲速度的放缓，应对经济新常态的到来。但是，在产品质量治理问题上，我国出现了“市场失灵”和“政府失灵”并存的现象，这已经成为困扰消费者和政府相关部门的一大社会经济难题。[②] 我们认为，我国目前产品市场上多以中小型生产企业为主的市场结构可能是造成产品质量问题居高不下的主要原因。由于厂家众多，产品质量之间存在信息不对称，消费者缺乏甄别产品质量的能力和手段，造成产品市场上出现逆向选择问题，生产高质量产品的厂家得不到应有的回报，只能退出市场或者生产低质量产品。本章试图从这样一种特定的产品市场结构出发，构建一个重复博弈的道德风险模型，展示市场机制在处理产品质量问题上的一种可能的制度安排。

---

① 2013 年国家质检总局的一份报告指出，中国产品质量状况虽然总体平稳，没有发生区域性、系统性质量安全问题，但是形势依然颇为严峻。部分重要民生产品质量问题仍然十分突出，农产品质量状况不容乐观，自主品牌附加值不高，产品档次偏低，产品结构性矛盾比较明显。尤其是我国存在大量小型微型企业，它们的产品质量问题尤为突出，国家质检总局在 2013 年上半年对小型企业进行产品质量国家监督抽查，抽样合格率非常之低，仅为 86.5%，同比下降 2.1 个百分点。

② 近年来，市场上的多种产品尤其是食品和药品等关乎国计民生的重要产品领域不断爆出产品质量安全丑闻，使得消费者对诸如牛奶制品、药用胶囊等行业的信任度降至冰点，进而也对政府的安全监管和治理能力产生怀疑。

在以中小型厂商为主的产品市场上，只有一定比例的企业是有能力生产高质量产品的厂商，余下的部分则是只能提供低质量产品的厂商。鉴于消费者无法有效甄别这两类厂商，市场会衍生出专门向消费者提供甄别与监管这些厂商行为的声誉商。声誉商先投入资本，建立声誉，向市场上的消费者发送信号以取得初步的信任；然后通过每期投入在甄别和监管厂商产品质量上的努力，不断提高自己在这方面的专业化声誉；最终通过自身内在的代际更替，实现声誉的长期维持。我们通过实地调查发现，市场上已有多家企业在做类似的组织与制度创新。① 我们的模型在分析范畴上不但具有更为广阔的一般性，而且非常契合我们在浙江、广东等地调研的现实情况和企业家的直观感受，那些自己直接建立市场声誉的生产者，可被视为本模型的特例。

本章模型的结论以及据此得出的制度与政策启迪和既有文献多有不同。既有文献一般认为，产品质量问题是由市场失灵所致，需要政府这双“看得见的手”进行干预。社会舆论及大部分研究人员也认为，政府应该加大监管力度，出台并且加大诸如《产品质量法》《食品安全法》等法律的实施力度，从而提高人们对政府监管及治理能力的信任度。我们认为，这种对产品质量的认识虽然涉及部分内容，但是并未触及这一问题的本质。在我国目前这种以中小型企业为主的市场结构下，政府实施大规模监管的成本非常高昂，执法成本也必然不菲。既有文献的相关政策建议将政府看作全知全能的市场管理者，这与现实情况是不符的。事实上，对于政府政策与市场机制这两种治理手段，我们不能认为市场机制在治理产品质量问题上存在较高的交易费用，却同时认为政府政策在治理产品质量问题上面临较低的交易费用。这两种假设在逻辑上是相互矛盾的。本章构建的无限期重复博弈声誉模型表明，引入致力于专业化甄别企业产品质量的声誉商来降低交易费用，促进有效率的交易得以达成，并通过声誉机制来处理声誉商自身的道德风险问题，可以有效解决产品质量问题。根据模型所揭示的逻辑，我国政府对企业在组织创新和声誉投资的产权保护方面存在不足，这会阻碍市场解决产品质量问题。同

---

① 我们曾于2014年4月到浙江平湖调查各类服装企业，其中一家生产儿童游戏服装的企业——浙江依爱夫游戏装文化产业有限公司——在购买大型安全检验设备之后成功转型，专业化于设计和品牌建设。该公司对产品质量的严格要求赢得了国际、国内同行的信任，被邀请参与了国家在儿童游戏服装方面安全标准的制定。除此之外，还有普通消费者熟悉的屈臣氏连锁服务店，其中大部分商品并非屈臣氏本身生产，而是多为中小企业的产品，屈臣氏的声誉为消费者提供了在食品、饮品、化妆品、美容及保健品等方面的信心保障，其近几年在中国内地的发展极为迅猛。此外，我们还在2013年年底于深圳调研过一家以食品、日用品、保健品、化妆品等为主要销售对象的维迈集团的管理模式，其相关负责人对于产品质量的甄别和监管之用心令我们印象极为深刻，向维迈集团供货的大部分厂商都是中小型生产企业。我们调研过的这些企业，所销售的是我们关注的经验品或信任品，如果消费者对这些企业丧失了信任，它们也就失去了在市场上生存的凭依。

时，政府还应监管声誉商，及时抽检其产品，并适时披露相关产品质量检测信息。这样既可以加速市场博弈向均衡方向收敛，又可以节省大量的直接监管成本。我们不赞成过分加大对产品质量安全责任事故的惩罚力度的观点，认为应根据社会福利最大化原则，对不同产品责任原则进行分析和比较，以求在现实条件的约束之下实现最佳的治理效果。

本章的结构安排如下：第二部分对相关文献进行述评，第三部分是基本模型，第四部分在基本模型的基础上给出若干制度与政策方面的建议，第五部分是结论。

第二节 文献回顾

本章所关注的问题，在文献上最早可追溯到 Akerlof (1970)关于“柠檬市场”的讨论，它表明交易中存在的不确定性会导致市场运行失灵，最终使得有效率的交易无法实现，即便这些交易能令交易双方都得到好处。但在现实中还是有很多交易会发生，之所以如此，主要在于市场上实行的条件契约及声誉。这里的声誉是指买家持有的关于卖家的信息和信念。

一、国外文献

关于卖家声誉问题的研究，在模型处理上主要采用重复博弈方法。Fudenberg and Levine(1989)表明，在完美监督情形下，商家模仿某一承诺型商家[①]，可以获得一个大于完全信息条件下重复博弈的支付下限。而当监督不完美[②]时，声誉效应依然存在。Fudenberg and Levine(1992)最先研究了这一问题并证明了这一推论。之后，Sorin (1999)简化了 Fudenberg and Levine (1992)所使用的方法，发现尽管不完美监督不会对声誉的形成产生阻碍，但会阻碍声誉的维持。Cripps et al. (2004)表明，在不完美监督下，重复博弈所形成的声誉是暂时性的。关于暂时性声誉效应的早期文献还有 Benabou and Laroque (1992)、Kalai and Lehrer (1995)以及 Mailath and Samuelson (2001)等。

关于声誉的可持续性，Liu and Skrzypacz (2011)表明，在消费者无法观察到所有期间的结果的情形下，声誉虽然可以长期持续，但具有波动性。Je-

① 所谓承诺型商家，是指无论博弈的历史条件如何，总是采取特定策略的参与人。

② 不完美监督可以分为不完美公共监督和不完美私人监督。前者是指消费者可以观察到一个统一的公共信号，但是这个信号有噪声，不能完全代表商家的行为，消费者只能根据信号推断商家在某些行为上的概率分布；后者是指每个消费者都会得到一个关于商家行为的私人信号，但这个信号也是有噪声的。我们主要关注不完美公共监督。

hiel and Samuelson (2012)表明,当用来推断商家类型的模型有偏差时,消费者始终无法判断商家的类型,这时声誉是可持续的。当商家类型会发生变化时,消费者无法完全判断商家类型,与 Cripps et al.(2004,2007)的声誉暂时性结论不同,在这里商家类型的变化会激励商家持续投资声誉,告诉对方自己的类型没有发生变化,从而给持续性声誉创造了条件。研究这一问题的早期文献主要有 Holmström (1982)、Cole et al.(1995)以及 Mailath and Samuelson (2001)等。Ekmekci et al.(2012)构建了一个长期参与者的商家类型持续变化同时声誉效应持续存在的模型。因此,解决声誉持续性问题是目前该领域研究的重点和热点,本章沿袭这方面文献脉络的最新成果,并对模型框架进行改造。

与本章处理的问题稍有些接近的前期工作,主要是关于通过声誉租赁和中介机制以促进有效率的交易达成的文献(Lizzeri, 1999; Chu and Chu, 1994; Biglaiser, 1993)。Chu and Chu(1994)使用声誉租赁企业与生产商相互匹配的重复博弈模型,找出一个能使高声誉租赁企业始终匹配高质量生产商的分离均衡。而 Biglaiser(1993)则使用存在专业化中间人的重复博弈模型,发现专业化中间人的存在有助于有效率的交易达成,从而提高社会整体福利。但是这些文献着重处理了中间人与生产商的关系(Lizzeri, 1999),而弱化了中间人与消费者的博弈关系,也没有将中间人本身的道德风险问题考虑进去。本章所使用的是更一般化的声誉模型,着重研究的是声誉商①与消费者的博弈关系,着力解决的是声誉商本身的道德风险问题。相比于这些文献,本章的模型更具一般性,不仅可以解释市场中多数企业为中小型企业这类市场结构,还可以将其他市场结构的情况囊括进来,并且可以更好地描述声誉机制对声誉商的激励和约束作用。此外,本章的模型在制度与政策启迪方面所给出的逻辑推论也较上述文献更能针对发展中国家的一般市场情况。

二、国内文献

在国内相关文献方面,王夏阳和傅科(2013)以企业责任为切入点,对企业承诺、消费者选择和生产者的质量投入水平之间的关系进行研究。龚强等(2013)以信息揭示为着力点,分别研究信息揭示、责任制度、规制俘获和价格管制对食品生产企业激励的影响。对于社会普遍关注的信任品(比如食品、

---

① 中间人(middleman)在文献中的功能很多,有些是担保功能(Lizzeri,1999),有些是供货渠道商(Chu and Chu,1994),有些是甄别功能(Biglaiser, 1993)。声誉商与中间人有一定的相似特征,不过这里的声誉商主要突出的是甄别功能,当然声誉作为一种资产本身具有一定的担保功能,但这不是本书着力之处。

药品等)质量问题,相关的文献还有黄涛和颜涛(2009)、史晋川等(2014)、李想和石磊(2014)和王永钦等(2014)。其中,李想和石磊(2014)使用两阶段博弈模型对食品安全中的行业信任危机问题进行研究并发现:由于信息不对称,当前的信任品市场上存在严重的行业信任危机,一家企业出事往往会引发消费者对整个行业的不信任。在监管覆盖面不完全的前提下,提升产品质量检测水平不一定能够促使策略型生产者提供高质量产品,但扩大监管面有可能产生效果,同时加大惩罚力度也有助于提升产品质量。李想和石磊(2014)建议政府扩大监管覆盖面,同时提升检测技术和加大惩罚力度,三管齐下地治理信任品市场上的产品安全问题。而王永钦等(2014)则从实证角度出发,研究信任品市场上的竞争效应和传染效应,认为政府有效监督不足而使得消费者对监管制度缺乏信任是中国信任品市场上传染效应占主导从而导致行业信任危机的主要原因。这类文献虽然都抓住了中国目前产品质量尤其是食品、药品等重要产品领域的特定问题,但是并没有从中国现实的市场结构出发给予市场治理应有的重视。

研究声誉机制和产品质量问题的其他文献还有蔡洪斌等(2006)、李焰和王琳(2013)及吴元元(2012)等。蔡洪斌等(2006)使用基本的多期重复博弈模型,分析当前中国企业信誉缺失的原因,认为中国社会人与人之间相互信任度较低导致消费者对本土产品的期待值也较低,从而导致信誉缺失,并且由于市场机制不完善、市场竞争不充分以及技术水平落后,使得信誉缺失的低效率状态持续的时间比较长;但从长期看,厂商有着建立信誉的动机。但是,这类文献往往是从一个较为宏观的体制问题入手,缺乏对微观基础的考量和分析。

在治理当前市场上普遍存在的产品质量安全问题方面,国内文献大都关注政府监管(李想和石磊,2014;王彩霞,2011;李新春和陈斌,2013),认为应当更多地引入政府、社会、消费者相互之间的监督机制,提高产品质量的标准,扩大监管面,扩大监管力度,加大产品责任制度下的惩罚力度以及提高惩罚标准。这些文献没有考虑在当前中国各方面条件受限的情况下,加大政府监管力度和扩大监管面存在现实困难,尤其对于我国产品市场上存在大量中小型企业这一现状,有效监管面临的成本是非常高昂的。本章的分析认为,市场本身具有解决这类问题的可能途径,目前我国广泛存在的产品质量问题的根源可能在于政府对企业声誉投资的产权保护不足,以及地方政府与企业之间的利益关系等制度因素对市场组织创新形成的阻碍作用。因此,那种认为当前中国的产品质量问题纯属市场失灵、必须依靠政府这双“看得见的手”

进行干预的观点,不但在逻辑上存在矛盾之处,而且会误导我们对这一问题的真正理解。

第三节 基本模型

在本章建构的重复博弈模型中,参与人包括:① 消费者作为一个群体是短期参与人,其在重复博弈中只参与一期,下一期会有一个新的消费者群体;② 致力于市场声誉投资的声誉商,其声誉建立在对生产型企业产品质量的良好甄别之上,是一个长期参与人,参与每一期的重复博弈;③ 无法凭借自身能力建立市场声誉的厂商。有两种类型的厂商:一种生产高质量产品,一种生产低质量产品,前者所占的比例为 $\alpha \in [0,1]$。[①]

正如前文所述,我们处理的是存在众多无法通过自身的资金或实力建立产品市场声誉的中小型企业的市场结构,这就把厂商为垄断企业的市场结构转变为本模型的一个特例,后者可以自己建立市场声誉。我们关注的这类市场结构又可以分为两种情况:第一种情况,市场上没有作为中介的声誉商,生产者与消费者直接博弈;第二种情况,声誉商通过市场演化形成[②],它不生产产品,只致力于甄别两种类型的生产者,并据此建立良好的声誉。根据声誉商类型的不同,可以将第二种情况分为两个阶段:在第一阶段,声誉商在博弈所要求的时期内一直由开创者掌控,不考虑开创者被接棒者取代的情况,消费者对此是了解的[③];在第二阶段,声誉商的开创者已经被接棒者取代,继任的接棒者也同样在每一期都可能会被新的接棒者取代。如果开创者被接棒者取代,消费者就是可以观察得到的。也就是说,消费者知道自己处于哪个阶段,对于之后继任的接棒者,消费者只知道存在接棒者被取代的可能性,而不能确知每次取代是否已经发生。[④]

---

① 我们假设前者生产出来的总是高质量产品,原则上说,有能力生产高质量产品的厂商也会出于自身之外的因素而生产出少量的低质量产品,但是生产低质量产品的厂商不可能生产出高质量产品。放松这一假设并不会影响模型的结果,只是使分析更为复杂。

② 声誉商作为企业,它在市场上的出现正应了科斯的分析。在《厂商、市场与法律》的导言中,科斯写道:"生产活动虽然可以透过个人之间的契约关系完全独立地进行,但由于个人之间签订契约进行交易需要成本,只要这些交易活动在企业内部进行的成本小于在市场上推行的成本,企业就会出现,把这些原本经由市场进行的交易改由该企业来安排。"(《厂商、市场与法律》,罗纳德·科斯著,台湾远流出版公司 1995 年版,第 17 页。)

③ 这里的开创者是指最先建立企业专业化声誉的企业家,他也是声誉所带来的收益的享有者;接棒者是指在开创者出于各种原因退出之后,接手企业的声誉,从而继续享有声誉所带来收益的企业家或所有权人。从这个意义上讲,声誉就是一种资产。

④ 假设消费者在第二阶段无法观察到每次取代是否发生。即使假设消费者在第二阶段有可能可以观察到取代是否发生也不会改变最终结果。因此,我们做出这样的假设是一种简化处理方式。

一、不存在致力于声誉投资的声誉商的情况

在第一种情况下，生产者直接与消费者博弈，这与 Akerlof (1970)的逻辑是一致的。我们假设生产高质量产品的生产者的生产成本为 c_1 且 $c_1>0$，生产低质量产品的生产者的生产成本为 0。我们用 g 表示高质量产品，可以为消费者带来 1 个单位的效用；用 b 表示低质量产品，可以为消费者带来 0 单位的效用。对消费者而言，结果空间为 $\Omega=\{g,b\}$，$u(g)=1$，$u(b)=0$。假设消费者是 1 个单位的连续统区间，即消费者是同质的，所以单个消费者无法影响博弈的未来阶段。如前所述，该产品对消费者来说是经验品，即消费者只有在消费产品之后才能判断产品质量的高低。此时，消费者认为在市场上买到高质量产品的先验概率为 α。同时，由于信息不对称，消费者无法通过和企业签订合约来保证产品质量。又因为消费者是短期参与人，即他们都是短视的，只关注当前阶段的效用最大化。消费者愿意就 1 个单位产品支付给企业的价格等于其期望效用，即 $p=\alpha$。根据 Akerlof (1970)可知：如果市场不存在声誉商，在这种市场结构下，生产者和作为短期参与人的消费者直接博弈，那么市场上交易的只有低质量产品，生产高质量产品的生产者会退出市场。这种情况是既有文献的直接推论，也是我们模型的逻辑起点。

二、存在致力于建立专业化市场声誉的声誉商的情况

1. 第二种情况下重复博弈的第一阶段

具有创新精神的企业家从柠檬市场的困境出发，作为声誉商而专业化于对生产型生产者的产品进行甄别，由此建立良好的市场声誉，并通过组织结构的创新，降低市场交易费用。这种专业化的行为既体现在对生产者产品质量进行甄别的时间与精力上的投入，也体现在诸如大型检验设备等固定资产的投入，再通过广告或口碑营销等大量的资金投入，声誉商得以赢得市场知名度。之后，生产者将产品卖给声誉商，由声誉商销售给消费者。

假设声誉商所付出的初始声誉投资为 F。这其中包括两个部分：一部分是用于甄别生产者产品质量的投入，这是消费者所无力承担的；另一部分是用于广告或口碑营销的投入，这部分是本章讨论的那类生产者所无力承担的。声誉商可以在声誉形成之后的每一期付出努力来甄别生产者的产品质量，确定产品质量较高的企业并销售其产品。假设声誉商每期的采购价格均为 p_0，声誉商的行动空间为 $A_i=\{H,L\}$，其中 H 表示高努力程度，L 表示低努力程度。声誉商采取高努力程度的成本为 c_2，采取低努力程度的成本标准化为 0。我们假设声誉商采取高努力程度时有 ρ_H 的概率能甄别出生产高质

量产品的企业，声誉商采取低努力程度时这一概率为 ρ_L，$\rho_H>1/2>\rho_L>p_0>\alpha$ 且 $\rho_H-c_2>\rho_L$。这类声誉商的开创者是熊彼特式的企业家，主要有两类：一类企业家对于这种组织创新有着极高的责任感，在经营过程中始终付出较高的努力，我们可以称之为**承诺型企业家**；另一类企业家有能力付出高努力甄别产品质量，但是也会策略性地选择低努力程度，我们可以称之为**策略型企业家**。我们假设声誉商的开创者类型空间为$\{\xi_0,\xi(H)\}$，其中 ξ_0 代表策略型企业家，$\xi(H)$代表承诺型企业家。不管之前阶段的博弈结果如何，承诺型开创者在任何时期都会采取高努力程度。这样假设有其现实的合理性。一般来说，企业的开创者一般拥有较高的能力，也确有一类企业家持有着神圣的责任感，虽然这种可能性不高，但我们不能否认它的存在。声誉商的声誉由消费者认为他是承诺型企业家的后验概率 μ_t 表示。我们假设消费者认为声誉商是承诺型企业家的先验概率为 μ_0 且 $\mu_0\in(0,1)$。策略型声誉商会根据第 t 期 μ_t 值来选择努力程度，其策略为映射 τ：$[0,1]\rightarrow[0,1]$，$\tau(\mu_t)$表示声誉商在第 t 期选择高努力程度的概率。这样，我们就把声誉商的行为定义为一个马尔科夫行为，参与人每期的行为选择均是根据该期的 μ 值加以确定。这种定义可以帮助我们剔除那些不合理的均衡。[①] 声誉商的折现因子设为 δ。

消费者是从声誉商处购买商品，之后根据消费体验结果更新后验概率 μ。消费者每期意愿支付的价格等于其期望效用，这与声誉商的实际努力程度无关，由此：

$$p_t=\mu_t\rho_H+(1-\mu_t)\{\tau(\mu_t)\rho_H+[1-\tau(\mu_t)]\rho_L\}$$

故而 $p_t\in[\rho_L,\rho_H]$，即消费者的行动空间为 $A_2\in[\rho_L,\rho_H]$。

该博弈的马尔科夫均衡可以被描述为满足以下四个条件的一个三元数组(τ,p,μ)：

(1) 对于所有的 μ，声誉商都根据利润最大化来决定 $\tau(\mu)$值

(2) 消费者意愿支付的价格为：

$$p_t=\mu_t\rho_H+(1-\mu_t)\{\tau(\mu_t)\rho_H+[1-\tau(\mu_t)]\rho_L\}$$

(3) $\mu_{t+1}(\mu_t,g)=\dfrac{\rho_H\mu_t}{\rho_H\mu_t+(1-\mu_t)\{\tau(\mu_t)\rho_H+[1-\tau(\mu_t)]\rho_L\}}$

---

① 这一重复博弈有多个均衡。比如，当 μ_t 和 ρ_H 趋向于 1 且 ρ_L 趋向于 0 时有这样一个均衡：声誉商第一期博弈中采取高努力程度，只要消费者买到的产品是高质量的，声誉商就一直采取高努力程度；而一旦消费者在某一期买到的产品是低质量的，声誉商在此后就一直采取低努力程度，同时消费者也相应调整自己的最优反应行为。这样的“触发性”策略确实可以构成一个均衡，但这种策略要求声誉商的行为和消费者关于声誉商行为的信念之间高度协调，而这种协调程度在现实中是不合理的，同时这样的均衡也体现不出声誉的资产属性。像这样的不合理均衡还有很多，我们在这里将声誉商的行为定义为马尔科夫行为，正是为了剔除此类均衡，从而找到相对合理的一类均衡。

(4) $\mu_{t+1}(\mu_t,b)=\dfrac{(1-\rho_H)\mu_t}{(1-\rho_H)\mu_t+(1-\mu_t)\{\tau(\mu_t)(1-\rho_H)+[1-\tau(\mu_t)](1-\rho_L)\}}$

鉴于声誉商的开创者已经建立初步的市场声誉，消费者在博弈开始时即倾向于认为声誉商采取高努力程度的概率比较高。这样，只要声誉商愿意维持声誉，该博弈在第一期就可以维持在一个较高水平的均衡状态。同时，只要声誉商一直采取高努力程度，消费者认为他是承诺型的后验概率 μ 会随着重复博弈期数的增加而逐渐趋向于1。这样，声誉商最终的平均支付下限就会接近于 $\rho_H-p_0-c_2$。因此，我们可以得到命题1：

命题1　在上述模型假设下，声誉商建立并维持市场声誉的平均支付下限大于其在完全信息条件下的平均支付下限。

证明

我们先考虑该博弈只有一个阶段的情况。此时，假设消费者的信念(即他们认为声誉商为承诺型)的概率为 μ。此时，

$$p=\mu\rho_H+(1-\mu)\{\tau(\mu)\rho_H+[1-\tau(\mu)]\rho_L\}$$

由于消费者愿意给出的价格只和 μ 有关，策略型声誉商采取高努力程度 H 的支付为 $p-p_0-c_2$，采取低努力程度 L 的支付为 $p-p_0$。这时，策略型声誉商一定只会采取低努力程度 L，消费者意愿支付的价格为 $p=\mu\rho_H+(1-\mu)\rho_L$。当信息完全($\mu=0$)时，该博弈只有一个均衡，即声誉商始终采取低努力程度 L，消费者意愿支付的价格为最低价格 ρ_L。因此，在完全信息重复博弈中，声誉商每期的平均支付下限为 ρ_L-p_0。

接下来，我们考虑不完全信息、不完美监督的情况。① 假设声誉商的历史空间和策略分别为：

$$H_1=\bigcup_{t=0}^{\infty}(A_1\times A_2\times\Omega)^t$$
$$\sigma_1=\tau(\mu):H_1\rightarrow\Delta(A_1)$$

消费者的历史空间和策略分别为：

$$H_2=\bigcup_{t=0}^{\infty}\Omega^t$$
$$\sigma_2:H_2\rightarrow\Delta(A_2)$$

然后我们定义：在任意期数 t，H_2^t 上的无条件边际分布为 P_2^t，H_2^t 上基于条件 $\xi(H)=\hat{\xi}$ 的边际分布为 $\hat{P}_2^t$，H_2^t 上基于条件 $\xi\neq\hat{\xi}$ 的边际分布为 $\widetilde{P}_2^t$。我们引入引理1：

① 所谓不完美监督，本书指的是声誉商即使采取高努力程度也有一定概率会出现甄别失败的情况，即使采取低努力程度也有一定概率会取得成功的甄别结果。

引理1　设 X 是一个有限的结果空间，并假设对于某个 $\varepsilon>0$ 及 $p,\ p'\in\Delta x$，有 $q=\varepsilon p+(1-\varepsilon)p'$，则 $\mathrm{d}(p\parallel q)\leqslant-\log\varepsilon$。

证明

因为 $q(x)/p(x)\geqslant\varepsilon$，我们可得：

$$-\mathrm{d}(p\parallel q)=\sum_x p(x)\log\frac{q(x)}{p(x)}\geqslant\sum_x p(x)\log\varepsilon=\log\varepsilon$$

由此可得，$\mathrm{d}(p\parallel q)\leqslant-\log\varepsilon$，证毕。

因为 $P_2^t=\mu_0\hat{P}_2^t+(1-\mu_0)\widetilde{P}_2^t$，根据相对熵的链式法则以及引理1，我们可得：对于所有的 t，均有

$$\mathrm{d}(\hat{P}_2^t\parallel P_2^t)=\sum_{\tau=0}^{t-1}E_{\hat{P}}\mathrm{d}(\hat{p}\parallel p(h_2^\tau))\leqslant-\log\mu_0$$

由此可得：

$$\sum_{\tau=0}^{\infty}E_{\hat{P}}\mathrm{d}[\hat{p}\parallel p(h_2^\tau)]\leqslant-\log\mu_0$$

接下来我们定义：行动 $\alpha_2\in\Delta(A_2)$ 是对行动 $\alpha_1\in\Delta(A_1)$ 的 ε-熵最优反应，如果存在一个 $\alpha_1'\in\Delta(A_1)$，使得

(1) α_2 是对 α_1' 的最优反应；

(2) $\mathrm{d}(\rho(\cdot\mid\alpha_1)\parallel\rho(\cdot\mid\alpha_1'))\leqslant\varepsilon$。

那么，我们可以将对行动 α_1 的 ε-熵最优反应集合记为 $B_\varepsilon^d(\alpha_1)$。我们再定义：对于所有的策略型参与者 ξ，有

$$\underline{v}_{\alpha_1}^{\xi}(\varepsilon)=\min_{\alpha_2\in B_\varepsilon^d(\alpha_1)}u_1(\alpha_1,\alpha_2,\xi)$$

并且定义 $\underline{W}_{\alpha_1}^{\xi}(\varepsilon)$ 为 $\underline{V}_{\alpha_1}^{\xi}(\varepsilon)$ 下方的最大凸函数。因为函数 $\underline{V}_{\alpha_1}^{\xi}(\varepsilon)$ 在 ε 上是非单调递增的，所以函数 $\underline{W}_{\alpha_1}^{\xi}(\varepsilon)$ 也一定是非单调递增的。

由于在任意一个纳什均衡 $\sigma'=(\sigma_1',\sigma_2')$ 中，所有的策略型参与者 ξ 都选择在每一阶段均采取 $\hat{\alpha}_1=H$，我们可得：

$$\begin{aligned}U_1(\sigma',\xi)&=(1-\delta)\sum_{t=0}^{\infty}\delta^t E_P[u_1(\sigma_1'(h_1^t),\sigma_2'(h_2^t),\xi)\mid\xi]\\&\geqslant(1-\delta)\sum_{t=0}^{\infty}\delta^t E_{\hat{P}}[u_1(\hat{\alpha}_1,\sigma_2'(h_2^t),\xi)]\\&\geqslant(1-\delta)\sum_{t=0}^{\infty}\delta^t E_{\hat{P}}[\underline{v}_{\alpha_1}^{\xi}(\mathrm{d}(\hat{p}\parallel p(h_2^t)))]\\&\geqslant(1-\delta)\sum_{t=0}^{\infty}\delta^t E_{\hat{P}}[\underline{w}_{\alpha_1}^{\xi}(\mathrm{d}(\hat{p}\parallel p(h_2^t)))]\end{aligned}$$

$$\geqslant \underline{w}_{\alpha_1}^{\xi}\left[(1-\delta)\sum_{t=0}^{\infty}\delta^t E_{\hat{P}}\,\mathrm{d}(\hat{p}\parallel p(h_2^t))\right]$$

$$\geqslant \underline{w}_{\alpha_1}^{\xi}(-(1-\delta)\log\mu_0)$$

由此可得：当 $\mu_0>0$ 时，在重复博弈的任意一个纳什均衡中，策略型声誉商的平均支付至少为 $\underline{w}_{\alpha_1}^{\xi}(-(1-\delta)\log\mu_0)$。

我们还可以据此得出一个推论：当 $\mu_0>0$ 时，对于所有的 $\eta>0$ 都存在一个 $\bar{\delta}<1$，使得对于所有的 $\delta\in(\bar{\delta},1)$，策略型声誉商在该重复博弈的任意一个纳什均衡中的平均支付至少为 $\underline{v}_{\alpha_1}^{\xi}(0)-\eta$。

在上述问题中，有

$$\underline{v}_{\alpha_1}^{\xi}(0)=\rho_H-p_0-c_2>\rho_L-p_0$$

因此，只要声誉商的折现因子足够大，在维持声誉的情况下，其平均支付下限十分接近于 $\rho_H-p_0-c_2$。

证毕。①

在既有的关于声誉的文献中，命题 1 是一个相对成熟的结论，但是所适用的模型基本上是针对垄断性市场结构下的行为，我们根据本章界定的市场结构对此进行了一般性的扩展。命题 1 告诉我们，在柠檬市场所揭示的“市场失灵”状态下，声誉商有激励建立并维持声誉，从而取得更高的支付水平。但是此时，因为监督的不完美性，声誉商的声誉从长期来看是不可维持的，即策略型声誉商会有欺骗消费者的动机，同时消费者可以根据过往各期的结果推断声誉商的类型。这是命题 2 所揭示的推论。

命题 2　在上述假设条件下，如果声誉商为策略型企业家，那么建立并维持声誉的最终均衡过程 $\{\mu_t\}_{t\in N}$ 几乎处处收敛于 0。随着重复博弈期数的增加，声誉商类型的不确定性会逐渐消失，消费者最终会推断出声誉商的类型，从而使得均衡从长期来看会回到低水平状态。

证明

由贝叶斯法则可得：

$$\mu_{t+1}(\mu_t,g)=\frac{\rho_H\mu_t}{\rho_H\mu_t+(1-\mu_t)\{\tau(\mu_t)\rho_H+[1-\tau(\mu_t)]\rho_L\}}$$

$$\mu_{t+1}(\mu_t,b)=\frac{(1-\rho_H)\mu_t}{(1-\rho_H)\mu_t+(1-\mu_t)\{\tau(\mu_t)(1-\rho_H)+[1-\tau(\mu_t)](1-\rho_L)\}}$$

因为

$$p_t=\mu_t\rho_H+(1-\mu_t)\{\tau(\mu_t)\rho_H+[1-\tau(\mu_t)]\rho_L\}$$

① 关于命题 1 的证明，这里主要采用 Gossner(2011)的方法，即采用相对熵的工具加以证明。

对消费者而言，此时买到高质量产品的概率为 $\pi(\mu_t)=p_t$，所以有：

$$\mu_{t+1}(\mu_t,g)=\frac{\rho_H\mu_t}{\pi(\mu_t)}$$

$$\mu_{t+1}(\mu_t,b)=\frac{(1-\rho_H)\mu_t}{1-\pi(\mu_t)}$$

假设无条件结果的路径空间为 Ω_t，则

$$E[\mu_{t+1}\mid\Omega_t]=\pi(\mu_t)\mu_{t+1}(\mu_t,g)+[1-\pi(\mu_t)]\mu_{t+1}(\mu_t,b)=\mu_t \tag{1}$$

因此，随机过程$\{\mu_t\}$是鞅。

当声誉商为承诺型企业家时，消费者买到高质量产品的概率为：

$$P\{g\mid C\}=\rho_H\geqslant\pi(\mu_t)$$

此时有：

$$E[\mu_{t+1}\mid\Omega_t,C]=\rho_H\mu_{t+1}(\mu_t,g)+(1-\rho_H)\mu_{t+1}(\mu_t,b)\geqslant\mu_t \tag{2}$$

因此，当声誉商为承诺型企业家时，$\{u_t\}$是下鞅。而当 $\mu_t\in(0,1)$时，不等号严格成立，此时$\{\mu_t\}$是严格的下鞅。

同理，当声誉商为策略型企业家时，消费者买到高质量产品的概率为：

$$P\{g\mid S\}=\tau(\mu_t)\rho_H+(1-\tau(\mu_t))\rho_L\leqslant\pi(\mu_t)$$

此时有：

$$E[\mu_{t+1}\mid\Omega_t,S]=P\{g\mid S\}\mu_{t+1}(\mu_t,g)+(1-P\{g\mid S\})\mu_{t+1}(\mu_t,b)\leqslant\mu_t \tag{3}$$

因此，当声誉商为策略型企业家时，$\{\mu_t\}$是上鞅。而当 $\mu_t\in(0,1)$时，不等号严格成立，此时$\{\mu_t\}$是严格的上鞅。

对于 $\mu\in[0,1]$，假设 $f(\mu)\equiv E[\mu_{t+1}|\mu_t=\mu,C]$。由式(2)可得：

$$f(\mu)\geqslant\mu \tag{4}$$

当 $\mu\in(0,1)$时，不等号严格成立。因此，当声誉商为承诺型企业家时，$\{1-\mu_t\}_{t\in N}$是一个严格的上鞅，并且几乎处处收敛于正的随机变量 $1-\mu_\infty$。由此可得，μ_t(其分布为 $d\mu_t$)几乎处处收敛于 μ_∞(其分布为 $d\mu_\infty$)。对于所有的 t，我们有：

$$E[\mu_{t+1}\mid C]=\int_0^1 E[\mu_{t+1}\mid C]d\mu_t(\mu)=\int_0^1 f(\mu)d\mu_t(\mu)$$

两边取极限，可得：

$$E[\mu_\infty]=\int_0^1 f(\mu)d\mu_\infty(\mu)$$

由条件(4)可得：$\mu_\infty=0$ 或 $\mu_\infty=1$ 几乎处处成立，否则我们有：

$$E[\mu_\infty]>\int_0^1\mu d\mu_\infty(\mu)=E[\mu_\infty]$$

接下来我们证明：当声誉商为承诺型企业家时，μ_∞不可能为0。

考虑随机过程$\{y_t=1/\mu_t\}_{t\in N}$，它是一个鞅，当声誉商为承诺型企业家时，它是一个严格的上鞅，由此$\sup_{t\in N}(y_t)$几乎处处有界。故而$\inf_{t\in N}(\mu_t)=(\sup_{t\in N}(y_t))^{-1}$几乎处处严格为正。因此，当声誉商为承诺型企业家时，μ_∞不可能为0。这样，我们有：当声誉商为承诺型企业家时，$\mu_\infty=1$几乎处处成立。同理，当声誉商为策略型企业家时，由于$\{\mu_t\}_{t\in N}$是严格的上鞅，$z_t=\{1/(1-\mu_t)\}_{t\in N}$也是一个鞅，我们可以得到类似的结论；当声誉商为策略型企业家时，$\mu_\infty=0$几乎处处成立。

证毕。

命题2的经济含义还是比较直观的。由于声誉商在每个阶段付出努力维持声誉是需要花费成本的，而当声誉已然很高的时候，再投入努力的成本所带来的边际收益会低于当期的成本投入。同时，由于消费者对声誉商的监督是不完美的，在这种状态下，声誉商即便偶尔欺骗消费者，消费者的信任度也不会骤然下降，此时欺骗所得到的收益之增加额要大于它可能带来的声誉下降所导致的损失额。如此一来，策略型声誉商从长期来看仍然有欺骗消费者的动机，如果博弈期数足够多，消费者就可以根据声誉商的历史表现甄别出声誉商的真实类型。

我们从命题2中可以得出这样的推论：如果声誉商的策略型开创者参与的博弈期数足够多，命题2所揭示的市场崩溃结果或者低水平均衡就是必然的趋势；但是，如果策略型开创者在市场崩溃之前出于各种原因退出该声誉企业，而且根据前文的假设，消费者可以观察到这一点，双方就会进入重复博弈的第二阶段。

2. 第二种情况下重复博弈的第二阶段

此时，声誉商的开创者已经被接棒者取代，而且继任的接棒者在之后的每期均有可能被另外的接棒者取代。接棒者有两种类型，一种是策略型接棒者，另一种是低能力型接棒者。前者有能力实施高努力程度的甄别行为，但取决于对利益的权衡；后者没有能力实施高努力程度的甄别行为，只能选择低努力程度并希望尽快将声誉价值折现。

我们假设声誉商的经营者在每期结束后有可能被接棒者取代，接棒者的类型空间为$\{\xi_0,\xi(L)\}$，ξ_0表示策略型接棒者，$\xi(L)$表示低能力型接棒者，低能力者只会选择低努力程度。当声誉所有权发生更替时，接棒者有θ的概率是策略型、有$1-\theta$的概率是低能力型。在第二阶段博弈开始之时，消费者认为声誉商是策略型的先验概率为ϕ_0；在第二阶段开始后的第t期，消费者认为声誉商是策略型的后验概率为 ϕ_t。策略型声誉商的策略为映射 τ：$[0,1]\rightarrow[0,1]$，其中 $\tau(\phi_t)$ 为策略型声誉商在第二阶段开始后第 t 期选择高努力程度的概率。我们对消费者的基本假设和之前一样，消费者的策略即为他意愿支付给声誉商的价格，等于消费者当期的期望效用。这样，我们就有命题 3：

命题 3　假设 $\lambda\in(0,1)$，$\theta\in(0,1)$，$\delta\in(0,1)$，$\phi_0\in[\lambda\theta,1-\lambda(1-\theta)]$，则存在一个 $\bar{c}$，只要 $0<c_2<\bar{c}$ 就存在一个策略型声誉商始终采取高努力程度的纯策略马尔科夫均衡。

证明

给定当前阶段声誉商为策略型的后验概率 ϕ 以及当前阶段出现的结果 $x\in\{g,b\}$，我们假设 $\phi_x=\varphi(\phi|x)$ 为下一阶段更新后消费者认为声誉商为策略型的后验概率，则可得在一个马尔科夫均衡中：

(1) 对于所有的 ϕ，声誉商都根据效用最大化来决定 $\tau(\phi)$ 值

(2) 消费者意愿支付的价格为：

$$p(\phi)=\{\rho_H\tau(\phi)+\rho_L[1-\tau(\phi)]\}\phi+\rho_L(1-\phi)$$

(3) $\phi_g=\varphi(\phi|g)=(1-\lambda)\dfrac{\{\rho_H\tau(\phi)+\rho_L[1-\tau(\phi)]\}\phi}{\{\rho_H\tau(\phi)+\rho_L[1-\tau(\phi)]\}\phi+\rho_L(1-\phi)}+\lambda\theta$

(4) $\phi_b=\varphi(\phi|b)$

$$=(1-\lambda)\frac{\{(1-\rho_H)\tau(\phi)+(1-\rho_L)[1-\tau(\phi)]\}\phi}{\{(1-\rho_H)\tau(\phi)+(1-\rho_L)[1-\tau(\phi)]\}\phi+(1-\rho_L)(1-\phi)}+\lambda\theta$$

马尔科夫均衡可以看作满足上述四个条件的一个三元数组 (τ,p,φ)。

然后，我们假设如果策略型声誉商始终采取高努力程度 H，并且固定 ϕ 值，我们可得：

$$\varphi(\varphi(\phi\mid g)\mid g)=\phi_{gg}>\phi_g>\phi>\phi_b>\phi_{bb},\quad \phi_{gx}>\phi_{bx}$$

此时，若策略型声誉商始终采取高努力程度 H，则他的支付函数为：

$$V_S(\phi)=p(\phi)-p_0-c_2+\delta(1-\lambda)[\rho_H V_S(\phi_g)+(1-\rho_H)V_S(\phi_b)]$$

若声誉商在当前阶段采取低努力程度 L，接下来继续遵循均衡策略，则他的支付函数为：

$$V_S(\phi,L)=p(\phi)-p_0+\delta(1-\lambda)[\rho_L V_S(\phi_g)+(1-\rho_L)V_S(\phi_b)]$$

因为 V_S 在 ϕ 上单调递增，我们可得：

$$\begin{aligned}V_S(\phi)-V_S(\phi,L)&=\delta(1-\lambda)(\rho_H-\rho_L)[V_S(\phi_g)-V_S(\phi_b)]-c_2\\&=\delta(1-\lambda)(\rho_H-\rho_L)[p(\phi_g)-p(\phi_b)]-c_2+\\&\quad\delta^2(1-\lambda)^2(\rho_H-\rho_L)\{\rho_H[V_S(\phi_{gg})-V_S(\phi_{bg})]+\\&\quad(1-\rho_H)[V_S(\phi_{gb})-V_S(\phi_{bb})]\}\\&\geqslant\delta(1-\lambda)(\rho_H-\rho_L)[p(\phi_g)-p(\phi_b)]-c_2\end{aligned}\tag{1}$$

在一个马尔科夫均衡中，策略型声誉商始终采取高努力程度 H 的条件为：对于所有可行的 ϕ，均有 $V_S(\phi)-V_S(\phi,L)\geqslant 0$。由式(1)可知，一个充分条件为：

$$p(\phi_g)-p(\phi_b)\geqslant \frac{c_2}{\delta(1-\lambda)(\rho_H-\rho_L)} \tag{2}$$

因为 $\phi_0\in[\lambda\theta,1-\lambda(1-\theta)]$，我们可得：对于所有的 $t\in N$，均有 $\phi_t\in[\lambda\theta,1-\lambda(1-\theta)]$。同时，因为 p 和 ϕ 均连续，当 $\phi\in[\lambda\theta,1-\lambda(1-\theta)]$时，我们可得：$p(\phi_g)-p(\phi_b)$的最小值一定严格为正。这样，我们就可以找到一个足够小的 c_2，使得对于所有的 $\phi\in[\lambda\theta,1-\lambda(1-\theta)]$，式(2)均成立。此外，由多阶段重复博弈的一阶段偏离原则可得：因为对于所有的 ϕ，$V_S(\phi)-V_S(\phi,L)\geqslant 0$ 均成立，所以任何对始终采取高努力程度 H 的偏离都是无利可图的。这就使得声誉商始终采取高努力程度 H 成为一个纯策略型马尔科夫均衡。①

证毕。

命题 3 的现实含义也很直观。由于声誉商每期都有可能被接棒者取代，消费者无法准确推断出接棒者的类型。如此一来，消费者每期都会担心接棒者下期会变成低能力者，从而过快地将声誉价值折现。在这种情况下，策略型接棒者就有动机采取高努力程度 H，将自己与低能力型接棒者区分开。因此，如果维持高努力程度的成本被控制在一定范围之内，能够保证策略型接棒者采取高努力程度来维护企业声誉所得到的期望收益不会低于采取高努力程度所花费的成本，这种声誉机制就可以保证策略型接棒者始终采取高努力程度 H。

三、评述

综合上述三个命题可知，致力于建立专业化企业市场甄别的声誉商能够帮助我们解决特定交易费用条件下的产品质量问题，促进有效率的交易得以达成。这就可以使那些原本有能力生产高质量产品但又没有足够资本实力独自建立品牌声誉的生产者有了在市场上生存下去的可能性。这种机制保证声誉商所建立和维持的声誉是有利可图的。但是，如果策略型声誉商的开创者在很长时间内一直掌控着企业的经营权，从长期来看，声誉商仍有在某

① 此外，如果低能力接棒者所占比例较高(即 θ 较低)，策略型接棒者采取高努力程度来维护企业声誉的期望收益就可能低于采取高努力程度所花费的成本，这样就不会有策略型接棒者愿意接棒。这种情况只是一种逻辑推断，现实生活中这是极为少见的，其成立条件不符合现实情况。本章模型基本上不探讨这种假设下的逻辑结果。

几期欺骗消费者的动机，从而逐渐失去消费者的信任，最终导致市场走向崩溃。

然而，如果声誉商的开创者在消费者对其失去信任之前就被接棒者取代，之后作为资产的声誉所有权每期都有可能发生转变，同时消费者也能认识到这一点，那么只要选择高努力程度的成本不至于过大，反而会激励策略型接棒者每期都选择高努力程度，使得声誉商的市场声誉可以一直维持下去而不会出现市场崩溃的情况。也就是说，消费者担心声誉商的接棒者会变成低能力者反而是一件好事，因为这样可以激励策略型接棒者选择高努力程度，以便将自己与低能力型接棒者相区分。

本章模型所讨论的这种中小型企业与声誉商的市场结构，是着眼于中国现阶段产业发展过程中所呈现的一般性经济现实所做的抽象，它具有两方面的意义。其一，对于生产诸如食品等产品的中小型企业而言，建立声誉所需的巨大费用非其所能承担。因此，声誉商作为交易中介这种组织创新更易发生，这一结果是由这类产品市场上的交易费用条件所决定的。因为行业中的中小型企业居多，它们之间进行整合所面临的交易费用势必过高，那么借助声誉商可以有效降低市场交易费用，促进有效率的交易得以达成。其二，如果行业内以大型企业为主，或者大型企业的管理费用小于中小型企业相互间整合的交易费用，大型企业就可以凭借自身实力直接建立市场声誉。这样一来，整个博弈就成了大型企业和消费者之间的博弈，我们可以把这种情况看作本章模型的一个特例，只是把模型中的声誉商替换为大型企业即可。因此，本章模型的分析具有更为广泛的一般性。

第四节　国内产品质量问题的制度与政策效应

一、政府对企业品牌产权保护力度所产生的影响

通过对上述模型的分析我们认识到，市场具有解决产品质量问题的内在激励；但是，这一模型对市场本身有一些潜在的制度假设。一个基于法治的市场经济必然要求政府对企业的各项组织创新、市场品牌美誉度所带来的收益给予切实而有效的保障。就本章模型而言，要想使声誉商有激励进行组织创新、建立市场声誉，就必须充分保护声誉商的收益权利，建立严格的产权保护制度，只有如此才能确保声誉商可以获得自己所预期的创新租金和声誉价值，从而为市场形成长期合作关系奠立基础。

这样，基于模型的隐含假设可知，保护企业在品牌声誉投资方面的产权，

打击和禁止市场上不良厂商仿冒已建立声誉企业的品牌以获利的行为，可以较好地维护声誉商建立专业化市场声誉的激励。保护市场中企业的产权，是本章模型的外生条件，若这一条件无法满足，则模型所揭示的均衡结果可能无法实现。不妨假设市场上仿冒制品所占的比例为$\beta\in(0,1)$，同时假设这些仿冒制品只有$\gamma\in[0,1)$的概率会给消费者带来1个单位的效用，其他仿冒制品带来的效用均为0，$\rho_L>\alpha>\gamma\geqslant 0$。[①] 这样一来，消费者每期意愿支付的价格就变为：

$$\widetilde{p}(\phi)=(1-\beta)\{[\rho_H\tau(\phi)+\rho_L(1-\tau(\phi))]\phi+\rho_L(1-\phi)\}+\beta\gamma$$

此时，声誉商每期维持声誉的利润就是$\widetilde{p}(\phi)-p_0-c_2$。如果$\beta$值过大而$\gamma$值又较小，那么$\widetilde{p}(\phi)-p_0-c_2$的值会变成负数，从而减少声誉商维持声誉的收益，使其失去建立并维持声誉的激励。由此，我们可以得到命题4：

命题4　当政府对企业品牌的产权保护力度不足从而导致市场上仿冒制品过多时，声誉商或大型企业就会失去建立并维持声誉的激励。

我们至少可以得出这样的结论：要想让市场本身产生解决产品质量问题的内在激励，政府对企业品牌的产权保护是一个必要条件。当前中国政府对企业品牌产权保护力度不足这一事实[②]，也可以很好地解释为何当前中国市场上很少有企业愿意自己去建立并维持声誉。

二、政府监管和抽检信息披露等信息所产生的影响

就本章模型而言，消费者关于产品质量信息准确而及时的认知对于博弈的最终均衡是非常重要的。而对于诸如食品、中药材之类的所谓信任品市场[③]，由于消费者自身无法在每期购买后得知确切的产品使用效果，也就无

---

① 在这里，消费者是否明知所购买的产品是仿冒制品对接下来的命题推断不会产生根本性的影响，但会使得声誉商企业的产品无法以包含声誉溢价的高价格售出。个别消费者明知是仿冒制品，但是贪图一时便宜也会去购买，这就像一个囚徒困境博弈，个体消费者的利益获取是以整个社会的福利损失为代价的。

② 我们在浙江各地调研时发现，不少人仿冒其他品牌，通过网络销售短时大发横财的例子屡见不鲜，这使得很多致力于建立自己品牌的企业颇为不满。最明显的例子莫过于国家工商总局与淘宝网的一场纠纷。2015年1月28日，国家工商总局发布2014年下半年网络交易商品定向监测结果，报告显示，监测共采集淘宝网、京东商城、天猫、1号店、中关村电子商城、聚美优品等平台的92个批次样品，正品率仅为58.7%；其中在淘宝网采集51个样品，数量最多但正品率最低，仅为37.25%，不到四成。经过一番政商博弈，淘宝网与国家工商总局“握手言和”。时任国家工商总局局长张茅会见时任阿里巴巴董事局主席马云时，马云也称将配合政府打假。这一事件至少表明，假货的存在是目前中国市场不可忽视的现实情况。

③ 在我们看来，一切商品都是经验品，只不过我们对商品的真实质量之感知存在时间长短上的区别而已。所谓信任品，就是需要较长时间甚至几个世代才能确认产品安全质量的商品。

法及时地根据使用效果更新后验概率，这会破坏之前所描述的均衡。因此，我们需要政府等第三方机构进行监管，通过专业化的抽样检测等手段将每期真实的质量检验结果公之于众，让消费者可以得到一个统一的公共信号，这样才能有助于博弈均衡的实现。

这种情况就要求禁止政府等第三方机构与声誉商勾结而发布虚假信息的行为，并且还要求政府相关管理部门对各类企业的产品质量进行适时的监管，及时将真实的质量检验信息向公众发布。在这一过程中，政府进行产品抽检并公布结果的频率不能太低，否则会导致每期博弈持续的时间过长，从而减少同等时间内博弈的次数。在其他条件不变的情况下，这会使得声誉商每期的折现因子 δ 减小，同时使得声誉的所有权人在每期博弈结束后被替换的概率 λ 增大。根据我们之前在命题 3 的证明中所得出的结论，在一个马尔科夫均衡中，策略型声誉商始终采取高努力程度 H 的条件为：对于所有可行的 ϕ，均有 $V_S(\phi)-V_S(\phi,L)\geqslant 0$。又因为 $V_S(\phi)-V_S(\phi,L)=\delta(1-\lambda)(\rho_H-\rho_L)[V_S(\phi_g)-V_S(\phi_b)]-c_2$，我们可得：当 δ 减小且 λ 增大时，$V_S(\phi)-V_S(\phi,L)$ 的值会随之减小甚至变为负数，这会使得策略型声誉商始终采取高努力程度 H 的条件无法满足，从而导致均衡被破坏。由此，我们可以得到命题 5：

命题 5　在存在信息不对称的产品市场中，如果政府不能对声誉商进行适时的监管并及时公布抽检结果，就会导致声誉商产生欺骗消费者的激励。

根据命题 5，政府应当着重对市场上的声誉商和大型企业进行产品质量监管，定期进行检验检测并及时公布抽检结果，让消费者可以尽快地依据抽检结果更新自己的信念，从而使得声誉机制能够最大限度地发挥作用。在制度设计上，我们应严防地方政府与这类企业形成利益勾结关系，避免隐瞒或扭曲产品质量信息的情况发生。同时，政府对那些声誉商和大型企业进行监管的成本远小于单纯地扩大监管面，也小于对各类中小型企业的监管成本，这正是本章模型所描述的结果在现实中的可行性政策含义。

三、不同产品责任原则下的社会福利比较

国内很多文献认为，在面对企业产品质量安全责任事故时，政府应当加大惩罚力度，法院对于这类事故的责任人也应予以严判，以促使企业尽可能地生产出高质量的安全产品。然而，我们认为应该在不同的侵权责任法律规则下对此进行细致的区分，不能一概而论。

基于之前的模型，我们接下来分别讨论严格责任制和过错责任制对声誉商决策行为的影响，同时比较不同责任原则下的社会福利。

(1) 严格责任制的情况。当政府对企业采取严格责任制时，如果声誉商

每期结束后被发现提供的产品是低质量的，那么其产品容易发生安全责任事故的概率相较于高质量产品为高，政府就会对它施加数额为 I 的罚款（其他判罚也可以转换为罚款形式）。如果策略型声誉商始终采取高努力程度 H，它的支付函数就变为：

$$V_S(\phi)=p(\phi)-p_0-c_2+\delta(1-\lambda)[\rho_H V_S(\phi_g)+(1-\rho_H)V_S(\phi_b)]-(1-\rho_H)I$$

如果策略型声誉商在当前阶段采取低努力程度 L，接下来它继续遵循均衡策略的支付函数就变为：

$$V_S(\phi,L)=p(\phi)-p_0+\delta(1-\lambda)[\rho_L V_S(\phi_g)+(1-\rho_L)V_S(\phi_b)]-(1-\rho_L)I$$

这时，我们可得：

$$\begin{aligned}V_S(\phi)-V_S(\phi,L)&=\delta(1-\lambda)(\rho_H-\rho_L)[V_S(\phi_g)-V_S(\phi_b)]-c_2+(\rho_H-\rho_L)I\\&>\delta(1-\lambda)(\rho_H-\rho_L)[V_S(\phi_g)-V_S(\phi_b)]-c_2\end{aligned}$$

这使得 $V_S(\phi)-V_S(\phi,L)$ 的值增大了，也就意味着策略型声誉商在均衡状态下始终采取高努力程度 H 的条件更容易得到满足。因此，在严格责任制条件下，当发生责任事故时，政府对声誉商执行一定程度的惩罚的确有助于提高企业始终采取高努力程度 H 的积极性。但是，如果 I 值过大，$V_S(\phi)$ 值就有可能变成负数。此时声誉商会发现，如果他们由某些非人为因素（比如运气不好）而导致产品责任事故就将面临过于严重的处罚，这会破坏均衡支付，致使建立并维持声誉无利可图，甚至还有巨大的风险，这反过来会降低声誉商建立并维持声誉的激励。我们可以将各种非人为因素对声誉造成的损害视为建立声誉的另一种成本，如果政府和法院对这类非人为因素造成的安全责任事故不加区分即处以重罚，就会给声誉商建立声誉带来更大的成本。

考虑到市场上不同类型生产商的比例不变，生产商的生产总成本也就不变，而消费者意愿支付的价格等于其期望效用，因此在严格责任制下，要使社会总福利最大，就要使消费者意愿支付的价格 $p(\phi)$ 减去声誉商努力成本的差值最大。根据之前的假设，当声誉商采取高努力程度 H 时，正好使得上述差值最大。也就是说，当声誉商采取高努力程度 H 时，社会福利最大化。因而在严格责任制条件下，只有当政府的处罚力度 I 控制在合理范围内，让声誉商愿意建立并维持声誉时，才能使得社会总福利达到最大，同时保证市场上产品的质量较高。

（2）过错责任制的情况。当政府和法院对企业采取过错责任制时，我们假设法律设定的最低责任标准为要求声誉商在执行甄别时至少付出 c_2' 成本。如果声誉商所付出的成本低于 c_2'，那么一旦发生责任事故，声誉商就会面临数额为 I 的罚款；如果声誉商所付出的成本不低于 c_2'，那么即使发生责任事故，政府也不会对声誉商施加额外的惩罚。

当 $0<c_2'\leqslant c_2$ 时，因为采取 c_2 是使得声誉商利润最大化的最优值，所以声誉商只会在高努力程度 H 和低努力程度 L 之间进行选择，要么采取高努力程度 H 而付出 c_2 的努力成本，要么采取低努力程度 L 而付出 0 努力成本。此时，如果策略型声誉商始终采取高努力程度 H，它的支付函数就是：

$$V_S(\phi)=p(\phi)-p_0-c_2+\delta(1-\lambda)[\rho_H V_S(\phi_g)+(1-\rho_H)V_S(\phi_b)]$$

策略型声誉商在当前阶段采取低努力程度 L，接下来继续遵循均衡策略的支付函数变为：

$$V_S(\phi,L)=p(\phi)-p_0+\delta(1-\lambda)[\rho_L V_S(\phi_g)+(1-\rho_L)V_S(\phi_b)]-(1-\rho_L)I$$

我们可得：

$$\begin{aligned}&V_S(\phi)-V_S(\phi,L)\\&\quad=\delta(1-\lambda)(\rho_H-\rho_L)[V_S(\phi_g)-V_S(\phi_b)]-c_2+(1-\rho_L)I\\&\quad>\delta(1-\lambda)(\rho_H-\rho_L)[V_S(\phi_g)-V_S(\phi_b)]-c_2+(\rho_H-\rho_L)I\\&\quad>\delta(1-\lambda)(\rho_H-\rho_L)[V_S(\phi_g)-V_S(\phi_b)]-c_2\end{aligned}$$

这样一来，过错责任制使得 $V_S(\phi)-V_S(\phi,L)$ 的差值更大，从而促使声誉商始终采取高努力程度 H 的条件更容易得到满足，也不会因惩罚力度 I 的值过大而影响声誉商建立并维持声誉的激励；相反，此时惩罚力度 I 的值越大越能促使策略型声誉商始终采取高努力程度 H，以防范发生产品责任事故后被发现因没有尽到义务而受到处罚。因此，相比于严格责任制，在合理的最低责任标准下，过错责任制使声誉商更有激励始终采取高努力程度。同时，在过错责任制条件下，当声誉商遇到产品责任事故且事后查明声誉商未采取高努力程度、未尽到应尽的义务而导致事故时，政府应当加大对声誉商的惩罚力度，惩罚力度越大越能够促使声誉商避免采取低努力程度的投机行为。此时，当策略型声誉商始终采取高努力程度 H 时，社会总福利正好处于最大的状态。

当 $c_2'>c_2$ 时，即最低责任标准超过最优预防努力水平，我们假设声誉商为满足最低责任标准而采取的超额努力程度为 H'。当声誉商采取超额努力程度 H' 时，成功甄别出高质量产品生产者的概率为 $\rho_{H'}$，这里 $\rho_{H'}\geqslant\rho_H$。此时，若策略型声誉商始终采取超额努力程度 H'，则它的支付函数为：

$$V_S'(\phi,H')=p'(\phi)-p_0-c_2'+\delta(1-\lambda)[\rho_{H'}V_S'(\phi_g)+(1-\rho_{H'})V_S'(\phi_b)]$$

若策略型声誉商始终采取高努力程度 H，则它的支付函数为：

$$\begin{aligned}V_S'(\phi,H)=&\ p'(\phi)-p_0-c_2+\\&\delta(1-\lambda)[\rho_H V_S'(\phi_g)+(1-\rho_H)V_S'(\phi_b)]-(1-\rho_H)I\end{aligned}$$

如果策略型声誉商在当前阶段采取低努力程度 L,接下来继续遵循均衡策略,那么它的支付函数为:

$$V'_S(\phi,L)=p'(\phi)-p_0+\delta(1-\lambda)[\rho_L V'_S(\phi_g)+(1-\rho_L)V'_S(\phi_b)]-(1-\rho_L)I$$

从上述支付函数可知,如果 I 值足够大且 $V'_S(\phi,L)$ 值为正,策略型声誉商就会选择始终采取超额努力程度 H',以避免因无法满足最低责任标准而可能带来的惩罚,但是此时社会总福利不是最大化的。声誉商采取超额努力程度虽然有可能略微提升市场上产品的整体质量水平,但会因此而付出更多的额外成本,从而无法实现社会总福利的最大。要让社会总福利最大,政府就必须促使声誉商始终采取高努力程度 H,而政府制定的最低责任标准过高,反而不利于最优均衡的实现,还有可能造成一定的资源浪费。

综合上述几种情况的比较分析,我们可以得出以下结论:当企业最低责任标准在合理区间内时,过错责任制相比较严格责任制更能促使声誉商始终采取高努力程度 H,同时也不会因惩罚力度过大而影响声誉商建立并维持声誉的激励,从而更有利于市场最优均衡状态的建立和维持。在这种情况下,政府对于未尽到义务的责任企业的惩罚力度越大越好。但是在过错责任制条件下,企业最低责任标准也不宜过高,最低责任标准过高且超过企业的最优努力成本,反而不利于社会总福利的最大化。这样,我们就有命题 6:

命题 6　当最低责任标准在合理范围内时,过错责任制相比严格责任制更能促使声誉商始终采取高努力程度 H,从而保证市场始终处于最优均衡状态,同时使得社会福利最大。此时,当声誉商遇到产品质量责任事故时,如果其努力程度不满足最低责任标准,那么政府对其的惩罚力度越大越能促使策略型声誉商始终采取高努力程度 H。而最低责任标准过高反而不利于社会福利最大的实现。[①]

我们认为,在面对企业产品责任事故时,政府和法院应当在侵权责任法律的范畴内遵循过错责任原则,细致地甄别导致产品质量安全风险的不同来源——对侵权施害人的主观故意与质量监督的不完美性进行区分,尽可能地降低法院误判或者严判过错标准的概率。同时,政府还应当在过错责任制下制定合理的企业最低责任标准。

---

① 在我国《产品质量法》和《食品安全法》中,对安全责任事故基本上采取的是严格责任制,原因也许在于制定合理的最低责任标准存在较大困难,严格责任制是退而求其次的制度选择。这里存在社会福利损失与交易费用之间的权衡。

第五节 结 论

本章针对近年来困扰我国民众和政府的产品质量问题，提出这样的质疑：为什么我国产品市场缺乏提供高质量产品的激励？本章从我国以中小型企业为主的现实市场结构出发，构建一个包含道德风险的无限期重复博弈模型，发现市场中的企业完全有激励进行组织创新，通过建立专业化企业产品质量甄别和监管方面的市场声誉来解决产品质量问题。基于模型的逻辑推论发现，政府对企业声誉的产权保护不足会大大降低市场中企业进行组织创新和声誉建设的积极性，从而陷入低产品质量的陷阱；同时，政府应当致力于对声誉商或大型企业的适时监管，并及时地将产品质量的抽检结果信息予以披露，绝不能阻碍和扭曲信息披露的过程。我们不赞成既有文献所主张的过分加大对产品质量安全责任事故的惩罚力度的观点，我们认为在严格责任制下适度的惩罚会促进市场声誉建设的良性发展，但是在合理的最低责任标准下，过错责任制更有助于满足社会总福利最大化的市场均衡的建立和维持。

第七章　市场声誉与产品责任制:基于声誉模型的互补机理

要赢得好的声誉需要20年,而要毁掉它,5分钟就够。如果明白了这一点,你做起事来就会不同了。

——沃伦·巴菲特

第一节　引　　言

上一章讨论了一种特定的市场结构,在这种市场结构中,有一家企业承担专业化甄别的角色,建立市场声誉,并找到实现市场均衡的条件;本章继续讨论市场声誉何以失灵以及产品责任制在什么条件下可以与之形成互补机制。在体验品市场上①,为什么许多市场声誉很高的品牌企业会欺骗消费者?2018年同仁堂公司爆出的"蜂蜜门"丑闻,最终以国家市场监督管理总局发布通知,撤销北京同仁堂(集团)公司中国质量奖称号、收回获奖证书和奖杯,并对公司处以重罚收场。在当下我国产品质量安全尤其是食品安全问题突出的背景下,知名企业爆出产品质量安全责任事故已经不是孤例。即使一直以产品品质优异著称的日本制造业,近年来也屡屡爆出质量安全丑闻。② 详细探查这些产品质量安全责任事件,我们发现,出事企业总是把这类事故的责任归为管理疏忽等相对客观的因素而非主观的故意,而一般消费

---

① 根据Nelson(1970)及Darby and Karni(1973)从信息经济学角度基于产品属性的分类,产品可以分为搜寻品(search goods)、体验品(experienced goods)和信任品(credence goods)三类。搜寻品比较简单,只要消费者愿意花费一定的搜寻费用,即可根据自己的需要判断出产品的质量;所谓体验品,是指产品属性只有在购买体验后才能准确地被感知到,如各类专业服务、电器等产品都属于这一类,在购买体验之前,消费者与厂商之间存在产品质量信息的不对称,许多食品也可以归属为体验品。但也有一些产品即便消费体验之后也无法判断其具体的质量如何,这类产品为信任品。本书主要关注体验品市场。

② 仅我国食品行业就有冠生园、双汇等知名企业爆出产品质量丑闻,这方面的例子已经很多;日本三菱公司、日产汽车以及全球第二大安全气囊生产商日本高田公司都出现了产品质量安全责任事件,对日本制造业形象造成了严重不良影响。

者也不能清楚地加以分辨。信息经济学将这种情况称为不完美监督。[①] 我们关注的是不完美监督条件下体验品市场上的声誉机制问题。在体验品市场上，由于监督的不完美性，高声誉企业出于策略性的考虑，可能会欺骗消费者。因此，这就需要考虑引入产品责任制，并探讨产品责任制有效运行的相关条件。

一、产品责任制

自 Akerlof(1970)问世之后，在解决厂商与消费者之间对产品质量安全方面的信息不对称问题上，有关厂商声誉对合约形式及社会效率的影响的研究主要分为两条路径。[②] 一条路径始于 Klein and Leffler(1981)。这类文献认为，在一个自由市场上，厂商把自身声誉看作一项资产，向消费者收取高出竞争性价格的“声誉溢价”，从而供应低质量产品的厂商将会丧失合作声誉以及之后的销售收入，由此带来的损失可以阻止厂商的不合作行为(Shapiro，1983；Rogerson，1983；Green and Porter，1984)。这类文献并不讨论声誉如何形成，而是把声誉作为维持厂商选择高努力程度的一项手段，其内在机理与 Shapiro and Stiglitz(1984)的效率工资模型相类；同时，这类文献关注的基本上是完美监督的情况，一旦消费者的产品购买体验为低质量产品，即可判定厂商在控制产品质量上采取的是低努力程度，消费者就会选择转到其他厂商那里购买产品，或者在以后购买该厂商产品时不再支付“声誉溢价”。在这两个方面，前文所引述的那些产品质量安全责任事件与该路径不尽相符：第一，即便拥有较高市场声誉的厂商发生了产品质量责任事故，在消费者尚不能完全清楚地断定责任是否为厂商主观故意时，这些企业虽然声誉受损、销售下滑、利润下降，但仍然可以通过继续努力使已经受损的声誉得到弥补；第二，这些模型对消费者的行动往往有着较强的假设，假定他们会采取一致行动，这就要求消费者对厂商的产品质量认知一致，并对其他消费者的策略抱有较强的信念。有关产品责任制与市场声誉的最新文献，如 Ganuza et al.(2016)及 Baker and Choi(2013)等即沿着这类文献的理路展开讨论。

另外一条路径始于 Telser(1980)，但经典的声誉模型是由 Kreps et al.(1982)给出的，这就是著名的 KMRW 声誉模型。这类文献认为，在不完全信息重复博弈中，策略型厂商模仿合作类型厂商的行为，使得合作行为可以

---

① 不完美监督假设是指即使这些企业以极高的努力程度对产品质量安全进行预防，这类责任事故仍有一定的概率会发生，消费者或第三方无法完美而无成本地甄别出责任事故的具体根源；与此相对的是完美监督假设，一旦消费者购买产品并体验之后，即可完美判断出厂商的类型。

② 这种研究路径的分类是由 MacLeod(2007)提出的。我们认为 KMRW 声誉模型可以归入第二类文献。

作为自我实施的协议而实现。在这类模型中,声誉通常被定义为消费者认为厂商是特定好的承诺型(即合作类型)的后验概率,而消费者的策略和这个后验概率紧密相关。Fudenberg and Levine(1989)表明:在完美监督条件下,策略型厂商通过模仿特定好的承诺型可以获得一个大于完全信息条件下重复博弈的支付下限。也就是说,厂商有建立声誉以获得更大利益的动机。当监督不完美时,这样的声誉效应依然存在,Fudenberg and Levine(1992)最先研究了这一问题并证明了这一推论。尽管不完美监督不会阻碍声誉的形成,但在不完美监督下,声誉机制本身会存在一些问题。因为监督不完美,即使厂商在某些时期采取低努力程度,消费者也难以从有限的结果中推断出厂商的类型。这样一来,策略型厂商通过在某些时期欺骗消费者,然后继续模仿承诺型,可以获得比单纯模仿承诺型更大的利润。特别是当厂商声誉很高时,厂商继续模仿承诺型所得到的边际收益可能会低于边际成本,导致厂商有更大的动机采取低努力程度,通过欺骗消费者来获取更大的利润,从而提高产品质量问题的发生概率。从长期来看,厂商的这种行为还会阻碍声誉的维持。Benabou and Laroque(1992) 最先研究了这个问题。Cripps et al.(2004)进一步研究这个问题并发现:在不完美监督下,重复博弈中的声誉是暂时性的,追求利润最大化的策略型厂商不会始终模仿承诺型,而消费者可以通过往期的历史表现来逐渐推断出厂商的类型,从而使得声誉效应崩溃。在不完美监督下,声誉机制存在的这一问题正是我们研究的出发点。本章的模型框架继承了 Benabou and Laroque(1992)的工作成果。我们之所以选择在第二类文献基础上研究这一问题,是因为这类文献能够说明声誉机制在不完美监督下所存在的问题,同时不要求消费者的行为高度一致,消费者对厂商声誉的反馈行为可以完全体现在他们意愿支付给厂商的价格上。这样的模型与现实情况更加接近。

二、法律和声誉

法律和声誉是维持市场有序运行的两个基本机制。张维迎(2002)通过案例分析指出,法律制度的运行与声誉机制是相辅相成的,法律制度有其声誉基础,而声誉机制是一种成本更低的维持交易秩序的机制。蔡洪滨等(2006)构造了重复博弈模型,寻找当前中国缺乏高声誉度品牌的经济和制度原因,指出声誉演变是一个动态过程,均衡从低效率状态到高效率状态的转变所需要的时间取决于社会的信任程度、市场机制的完善程度、市场竞争的充分程度和技术水平的先进程度等因素。虽然他们并未具体研究法律制度,但显然市场机制的完善程度包含法律制度的完善与否。正如前文关于声誉模型的评述所指出的,声誉机制在纯粹的市场环境中也是难以维持的,这就需要探究声誉机制与产品责任制这类法律制度之间的关系。产品责任制是一种旨在对生产有潜在危害的产品或服务的厂商进行规制,当消费者的人身或财产因产品而受到伤害时提供补偿救济的法律制度,其作用机理是引入侵权责任,激励厂商将合约以外的产品危害所带来的负外部性内部化,避免较高交易费用可能带来的不完全合约问题(Cooter and Ulen,2012;汪晓辉和史晋川,2015)。但近年来产品责任制的运行效率受到法律经济学界的质疑。Polinsky and Shavell(2010)比较了产品责任制的收益与成本,认为对于大部分产品而言,即便不存在产品责任制,在产品伤害了消费者的情况下,由于厂商害怕销售额和利润下降,市场声誉的力量也会促使其提高产品质量安全;而且,产品责任制这种事后救济方式还必须考虑到事前的质量安全管制措施,使得产品责任制的运行效果不彰。他们认为,市场机制和产品责任制在提高生产质量安全水平上是彼此替代的关系。当然,有关产品责任制运行效率的争论还在继续,目前无论是理论上还是经验上均尚无定论,但这一争论至少说明在有关产品责任制的运行效率方面法律经济学界并未达成共识①,而是认为应该更多地考虑将产品责任制与市场治理机制和政府管制措施相结合。史晋川等(2015)把声誉机制和产品责任制放在同一个基本模型框架中,探讨产品质量和声誉积累的动态演变过程以及产品质量和声誉积累的关系,在二者的互补方面,更为支持严格责任制具有降低声誉机制的"时间成本"的作用。Ganuza et al.(2016)研究了重复博弈模型中产品责任制和声誉机制的作用并发现,声誉机制可以激发厂商采取高努力程度以减少消费者的期望损失,但当消费者在惩罚期选择不购买厂商产品时又会带来社会损失,而产品责任制可以减少这类社会损失。他们的研究表明了产品责任制和声誉机制是一种互补的关系。Chen and Hua(2017)基于寡头空间模型研究市场竞争与产品责任制的关系,揭示市场竞争与产品责任制是互补还是替代的关系取决于具体的市场竞争环境和产品责任制形式。Baker and Choi(2013)分析声誉惩罚与法律惩罚相互补充的最优激励机制,认为两种惩罚都是有成本的,但法律惩罚相比于声誉惩罚更有优势。他们还考虑了诉讼的信息作用等,对前述结论做了扩展。

就研究主题而言,史晋川等(2015)、Ganuza et al.(2016)和 Baker and Choi(2013)与我们的研究最为接近。这三篇文献与本章研究的都是体验品市场上声誉机制与产品责任制在提供最优激励机制方面的机理,但研究方法

---

① 有关这方面的讨论,可以参见 Daughety and Reinganum(2011)关于产品责任制的经济理论分析的综述。

和基本结论却有着根本的区别。其一，前述三篇文献处理的并非不完美监督条件下体验品市场上的信息不对称问题，事实上，他们的研究成果一旦应用到不完美监督情况时往往并不成立，尤其是他们所认为的市场声誉在治理信息不对称问题时并不是无效的，而是与产品责任制相比在成本上孰优孰劣的问题；其二，他们所采用的模型可以追溯到 Klein and Leffler(1981)、Shapiro(1983)以及 Green and Porter(1984)这类文献，对于声誉的建立问题存而不论，更注重声誉机制的执行问题，作用机理接近 Shapiro and Stiglitz(1984)的效率工资模型。基于此，本章的贡献有以下四点：第一，集中关注不完美监督条件下体验品市场上厂商与消费者的信息不对称问题，拓展了既有文献关于体验品市场信息不对称问题的研究。第二，建构的重复博弈的道德风险模型明确指出，长期来看，单纯依靠市场声誉机制，策略型厂商的声誉是无法维持的；从社会成本的角度看，市场声誉机制本身无法彻底解决不完美监督条件下的产品质量问题，存在市场失灵现象。第三，把消费者对购买产品体验后的信息作为形成后验信念的贝叶斯调整的基础，不仅可以揭示声誉建立的条件，还可以解释声誉建立的动态过程，在模型运用上更趋接近现实情境。第四，充分结合产品责任制的不同责任原则，厘清了不完美监督条件下体验品市场上声誉机制与产品责任制的互补机理以及适用范围。这既是本研究的主要贡献，也是本研究的重要创新所在，具有现实的政策价值和指导意义。

第二节　声誉模型

一、基本框架与假设

本章建构的是一个重复博弈的道德风险模型。参与人包括：一个生产体验品的厂商，该厂商是博弈的长期参与人，参与重复博弈的每一期，通过在博弈的每一阶段采取高努力程度对产品质量严格把关来建立声誉；一单位连续统消费者，作为一个群体，消费者是短期参与人，仅参与重复博弈其中一期。假设厂商的行动空间为$\{H,L\}$，其中 H 代表采取高努力程度对产品质量进行把关，L 代表低努力程度。简化处理，我们假设采取高努力程度需付出成本 c，采取低努力程度无须付出成本，即采取低努力程度的成本标准化为 0。对于消费者来说，结果空间为 $\Omega=\{g,b\}$，其中 g 表示消费者使用所购产品后发现其为高质量产品，b 表示消费者使用所购产品后发现其为低质量产品。我们规定消费者消费高质量产品所得到的效用为 1，即愿意为高质量产品支付的保留价格为 1，消费低质量产品所得到的效用为 0，即 $u(g)=1$ 且 $u(b)=0$。当厂商采取高努力程度 H 时，生产出高质量产品 g 的概率为 ρ_H；当厂商采取低努力程度时，生产出高质量产品 g 的概率为 ρ_L，且 $0<\rho_L<\rho_H<1$。当厂商采取高努力程度时，社会总福利为：

$$\rho_H u(g)+(1-\rho_H)u(b)-c=\rho_H-c$$

当厂商采取低努力程度时，社会总福利为：

$$\rho_L u(g)+(1-\rho_L)u(b)=\rho_L$$

只要 $\rho_H-c>\rho_L$，从社会福利最大化的角度看，厂商采取高努力程度就是总体最优的。

在声誉模型中，厂商有两种类型：一是承诺型，承诺型厂商每期都始终采取高努力程度 H；二是策略型，策略型厂商根据利润最大化原则策略性地选择是否模仿承诺型厂商，建立声誉。消费者不清楚厂商的具体类型，但厂商了解自己的类型。厂商的每期声誉由消费者认为它是承诺型的后验概率 Φ 来表示，在博弈的初始期，消费者认为厂商为承诺型的先验概率为 Φ_0。我们假设策略型厂商每期的博弈策略为马尔科夫策略 $\tau:[0,1]\rightarrow[0,1]$，策略 $\tau(\Phi)$ 是从声誉 Φ 到概率区间的一个映射，表示厂商本期采取高努力程度的概率。把策略型厂商的策略定义为马尔科夫策略，可以帮助我们剔除那些不合理的均衡。[①] 同时，我们假设厂商的折现因子为 δ。

消费者购买产品并消费后，根据消费体验更新后验概率 Φ。消费者是风险中性的，他们每期意愿支付的价格等于期望效用，即

$$p(\Phi)=\Phi\rho_H+(1-\Phi)\{\tau(\Phi)\rho_H+[1-\tau(\Phi)]\rho_L\}$$

上述博弈存在一个满足以下四个条件的马尔科夫均衡，可以用三元数组 (τ,p,Φ) 表示：

(1) 对于所有的 Φ，厂商根据利润最大化原则选择 $\tau(\Phi)$

(2) 消费者意愿支付的价格为：

$$p(\Phi)=\Phi\rho_H+(1-\Phi)\{\tau(\Phi)\rho_H+[1-\tau(\Phi)]\rho_L\}$$

(3) $\Phi_g=\varphi(\Phi|g)=\dfrac{\Phi\rho_H}{\Phi\rho_H+(1-\Phi)\{\tau(\Phi)\rho_H+[1-\tau(\Phi)]\rho_L\}}$

---

① 重复博弈有无数均衡。例如，所有消费者开始时均选择购买厂商的产品，同时厂商也选择高努力程度 H，消费者只要发现低质量产品，在 n 期内就不再购买该厂商的产品；然后在这 n 期内，厂商也采取低努力程度 L 生产产品；n 期过后双方博弈如故，循环往复。这样的一组策略也是一个均衡策略，但要求消费者在行动上高度一致。这一假设过于严苛，不具有现实性；而且，该均衡价格是外生的，声誉也不能在价格上有所反映。马尔科夫均衡策略中每期的先验概率即上期博弈后形成的后验概率，更有利于描述这种类似口碑的声誉，它可以剔除那些不能很好地描述声誉的均衡。

(4) $\Phi_b = \varphi(\Phi|b)$

$$= \frac{\Phi(1-\rho_H)}{\Phi(1-\rho_H)+(1-\Phi)\{\tau(\Phi)(1-\rho_H)+[1-\tau(\Phi)](1-\rho_L)\}}$$

上述均衡的第一个条件要求厂商的选择满足利润最大化原则;第二个条件要求消费者的选择满足期望效用最大化原则;第三个条件告诉我们,若消费者在使用所购产品后得到的体验是高质量产品,则他认为该厂商为承诺型的后验概率为 Φ_g,即根据贝叶斯法则更新该期的先验概率 Φ;第四个条件是消费者使用所购产品后发现其为低质量产品的后验概率为 Φ_b。由第二个条件可知,当消费者认定厂商为策略型厂商($\Phi=0$)时,消费者意愿支付的价格为 $p(\Phi)=\rho_L$,此时厂商也不会选择高努力程度,即 $\tau(\Phi)=0$。由之前的讨论我们知道,如果 $E[p(\Phi)-c]>\rho_L$,那么厂商建立声誉并持续选择高努力程度是有利可图的。

二、声誉机制及其存在的问题

我们现在来看市场单纯依靠声誉机制来运行的情况,此时不引入产品责任制等法律干预措施。[①] 假设上期厂商的声誉为 Φ,那么厂商一直遵循利润最大化原则所选择的均衡策略得到的期望收益为:

$$\begin{aligned} V(\Phi) = & p(\Phi) - \tau(\Phi)c + \\ & \delta\{[\tau(\Phi)\rho_H + (1-\tau(\Phi))\rho_L]V(\Phi_g) + \\ & [\tau(\Phi)(1-\rho_H) + (1-\tau(\Phi))(1-\rho_L)]V(\Phi_b)\} \end{aligned}$$

本期望收益函数采用递归的形式。期望收益 $V(\Phi)$ 中的 $p(\Phi)-\tau(\Phi)c$ 表示厂商本期的收益,即消费者支付的价格减去厂商采取高努力程度所付出的成本;$[\tau(\Phi)\rho_H+(1-\tau(\Phi))\rho_L]V(\Phi_g)$ 中,$V(\Phi_g)$ 表示本期消费者消费的是高质量产品时厂商下期的期望收益,$[\tau(\Phi)\rho_H+(1-\tau(\Phi))\rho_L]$ 是本期消费者消费到高质量产品的概率;$[\tau(\Phi)(1-\rho_H)+(1-\tau(\Phi))(1-\rho_L)]V(\Phi_b)$ 中,$V(\Phi_b)$ 表示本期消费者消费的是低质量产品时厂商下期的期望收益,$[\tau(\Phi)(1-\rho_H)+(1-\tau(\Phi))(1-\rho_L)]$ 是当期消费者消费到低质量产品的概率;这两项之和表达了厂商下期的总期望收益,然后通过折现因子 δ 贴现到本期。

厂商在本期博弈中采取高努力程度 H,然后在之后所有期都遵循均衡策略的期望收益为:

---

① 产品责任制主要分为两种:一种是严格责任制,又称绝对责任制,在严格责任制下,一个人即使尽全力做到适当注意以避免伤害他人,其对伤害结果也要承担法律责任;另一种是过错责任制,又称疏忽责任制,在过错责任制下,一个人只要尽到法律规定的适当注意义务即可免于承担法律责任。

$$V(\Phi,H)=p(\Phi)-c+\delta[\rho_H V(\Phi_g)+(1-\rho_H)V(\Phi_b)]$$

厂商在本期博弈中采取低努力程度 L,然后在之后所有期都遵循均衡策略的期望收益为：

$$V(\Phi,L)=p(\Phi)+\delta[\rho_L V(\Phi_g)+(1-\rho_L)V(\Phi_b)]$$

因此,要使厂商在本期博弈中采取高努力程度 H,就必须满足：

$$V(\Phi,H)-V(\Phi,L)=\delta(\rho_H-\rho_L)[V(\Phi_g)-V(\Phi_b)]-c\geqslant 0$$

整理可得：

$$V(\Phi_g)-V(\Phi_b)\geqslant\frac{c}{\delta(\rho_H-\rho_L)}$$

给定 c,再根据 $V(\Phi)$的单调有界性①,我们可知：

$$\lim_{\Phi\to 1}V(\Phi_g)-V(\Phi_b)=0$$

因此,必然存在一个 $\bar{\Phi}$,当 $\Phi>\bar{\Phi}$ 时，$V(\Phi_g)-V(\Phi_b)<\frac{c}{\delta(\rho_H-\rho_L)}$,此时意味着在本期博弈中,厂商一定会采取低努力程度 L。由此,我们可以得到命题 1：

命题 1　不引入产品责任制的情况下,当策略型厂商的市场声誉 $\Phi>\bar{\Phi}$ 时,厂商会以概率 1 采取低努力程度 L。

命题 1 的经济学含义是很明确的。一旦厂商取得了很高的市场声誉(即 $\Phi>\bar{\Phi}$),此时它在某一期或几期采取低努力程度所带来的边际收益就大于边际成本,继续维持声誉反而使边际收益小于边际成本,因此策略型厂商在本期或之后几期选择低努力程度是有利可图的。之所以会出现这种结果,其根本原因就在于消费者对产品质量的监督是不完美的。也就是说,即使消费者消费所购产品后发现其是低质量产品,也无法精准地判断出策略型厂商的努力程度,这就使这类厂商有机可乘而选择欺骗消费者。正是由于这种不完美监督的存在,虽然短期内厂商的声誉可以得到维持,但长期来看消费者仍然可以根据过往所有期的消费体验判断出厂商究竟是策略型还是承诺型,从而使策略型厂商的声誉无法长期维持。从这个意义上看,市场声誉机制本身无法彻底解决不完美监督条件下的产品质量问题,即存在市场失灵现象。

三、其他市场解决方法

如果厂商建立声誉对自身和消费者都是有利的,那么即使不对称信息带

---

①　$V(\Phi)$单调递增且 $0\leqslant V(\Phi)\leqslant\frac{\rho_H}{1-\delta}$, $V(\Phi)$的单调有界性可以直接推导出命题 1 成立,因为单调有界函数必然存在极限值。

来的高交易费用会阻碍声誉的建立，双方是不是也会发展出其他的契约安排来降低交易费用以解决这一问题呢？产品质量保证承诺就是厂商常用的这类策略之一。

厂商给消费者提供产品质量保证承诺，如果消费者购买该厂商的产品后发现是低质量产品，厂商就给予消费者赔付，赔付金额为 1，这个金额与消费者消费 1 单位高质量产品的效用相等；或者召回产品，重新发给消费者 1 单位新产品。假设厂商的承诺总是可信的，且消费者向厂商索赔没有任何成本，此时消费者每期意愿支付的价格就会变为 1。

在提供产品质量保证承诺的情况下，承诺型厂商的平均期望收益为：

$$1-c-(1-\rho_H)=\rho_H-c$$

按照 Fudenberg and Levine(1992)的观点，在没有任何产品质量保证承诺时，承诺型厂商采取高努力程度，消费者支付价格 ρ_H，其长期平均期望收益十分接近于斯塔克尔伯格收益[①]，即 ρ_H-c。这样来看，承诺型厂商是愿意提供产品质量保证承诺的，因为提供这种承诺可以提高消费者认可其为承诺型厂商的信心。在本章模型中，策略型厂商通过模仿承诺型厂商来建立自己的市场声誉，所以策略型厂商自然也会有激励提供产品质量保证承诺。在这种情况下，策略型厂商每期博弈采取高努力程度 H 的平均期望收益为 $1-c-(1-\rho_H)=\rho_H-c$，与承诺型厂商一样；策略型厂商采取低努力程度 L 的平均期望收益为 $1-(1-\rho_L)=\rho_L$，由于 $\rho_H-c>\rho_L$，故而策略型厂商每期博弈也均采取高努力程度 H。这样，均衡就达到了最佳的状态。

问题在于，这个均衡不是稳定的，哪怕是厂商的平均期望收益中一个微小的变动都可能导致均衡无法实现。我们在前文指出，均衡实现的条件是厂商的承诺可信且消费者可以实现无成本索赔。这样的假设是非常严苛的。实际上，消费者无论是向厂商投诉要求更换产品还是发起诉讼索要赔偿，都会面临高昂的成本，我们假设这个成本为 $c_1>0$。[②] 由于存在 c_1，此时消费者意愿支付的价格不再是 1，而是 $1-(1-\rho_H)c_1$。这样一来，承诺型厂商的期望收益变为：

$$\begin{aligned}&1-c-(1-\rho_H)c_1-(1-\rho_H)\\&=\rho_H-c-(1-\rho_H)c_1<\rho_H-c\end{aligned}$$

此时承诺型厂商提供产品质量保证承诺的激励是不够的；同样，策略型厂商也没有激励提供产品质量保证承诺。如果策略型厂商提供产品质量保证承诺且采取高努力程度，那么他的平均期望收益仅为 $\rho_H-c-(1-\rho_H)c_1$。

---

① 所谓斯塔克尔伯格收益，是指当消费者知道厂商为承诺型（即斯塔克尔伯格类型）时厂商每期所获得的平均期望收益。

② 曾报道的 2019 年西安奔驰车主索赔事件表明这一成本非常之高。

这个收益要低于厂商不提供产品质量保证承诺的收益，还会暴露自己的类型，降低建立声誉所带来的期望收益。因此，只要消费者索赔成本不为0，市场自身提供的产品质量保证承诺类的契约安排就不可能奏效。这就是科斯意义上的市场失灵，相关机构引入法律机制加以干预或许可以成为另外一种降低交易费用的制度安排。

第三节　法律干预与市场声誉的互补机理

一、严格责任原则

当市场声誉失灵时，从法律层面解决问题的一条途径是引入产品责任制，但采取何种责任原则还需要具体分析。我们首先来看严格责任原则。

假设厂商每期博弈结束后被发现所提供的产品为低质量产品，未满足政府有关产品质量管制的标准，或者发生产品安全责任事故，根据严格责任原则，厂商必须承担全部法律责任，对消费者进行赔偿，甚至可能要支付惩罚性赔偿金，乃至承担刑事责任。为简化起见，我们把各类处罚均转化为赔偿金的形式，并把全部赔偿金设为 D。

在严格责任制的条件下，若策略型厂商本期选择高努力程度 H，之后各期继续遵循均衡策略，则它的期望收益函数为：

$$V_1(\Phi,H)=p(\Phi)-c-(1-\rho_H)D+\delta[\rho_H V_1(\Phi_g)+(1-\rho_H)V_1(\Phi_b)]$$

很显然，严格责任原则会给采取高努力程度的厂商施加更大的期望成本，即增加了$(1-\rho_H)D$项。为了满足厂商的参与约束(IR_1)，我们要求上式不小于0，即

$$V_1(\Phi,H)\geqslant 0 \qquad (IR_1)$$

若策略型厂商本期采取低努力程度 L，之后各期继续遵循均衡策略，则它的期望收益函数为：

$$V_1(\Phi,L)=p(\Phi)-(1-\rho_L)D+\delta[\rho_L V_1(\Phi_g)+(1-\rho_L)V_1(\Phi_b)]$$

这里，厂商遵循利润最大化原则的均衡策略所得到的期望收益为：

$$\begin{aligned}V_1(\Phi)=&p(\Phi)-\tau(\Phi)c-\\&[\tau(\Phi)(1-\rho_H)+(1-\tau(\Phi))(1-\rho_L)]D+\\&\delta\{[\tau(\Phi)\rho_H+(1-\tau(\Phi))\rho_L]V_1(\Phi_g)+\\&[\tau(\Phi)(1-\rho_H)+(1-\tau(\Phi))(1-\rho_L)]V_1(\Phi_b)\}\end{aligned}$$

要使策略型厂商在本期博弈中采取高努力程度 H，还需要满足激励兼容约束条件(IC_1)：

$$V_1(\Phi,H)-V_1(\Phi,L)$$
$$=\delta(\rho_H-\rho_L)[V_1(\Phi_g)-V_1(\Phi_b)]+(\rho_H-\rho_L)D-c\geqslant 0$$

整理可得：

$$V_1(\Phi,H)-V_1(\Phi,L)\geqslant\frac{c-\delta(\rho_H-\rho_L)D}{\delta(\rho_H-\rho_L)}\qquad(IC_1)$$

当 $D=\frac{c}{\rho_H-\rho_L}$时，$(IC_1)$式等号成立。这样一来，若 $D=\frac{c}{\rho_H-\rho_L}$，则下式必定成立：

$$V_1(\Phi,H)=p(\Phi)-c-\frac{c(1-\rho_H)}{\delta(\rho_H-\rho_L)}+$$
$$\delta[\rho_H V_1(\Phi_g)+(1-\rho_H)V_1(\Phi_b)]\geqslant 0$$

也就是说，当 $D=\frac{c}{\rho_H-\rho_L}$时，严格责任制下策略型厂商建立声誉的激励兼容条件$(IC_1)$总是可以得到满足，同时厂商建立声誉的参与约束条件$(IR_1)$也一定可以得到满足。此时，博弈的均衡就是厂商在任一期都采取高努力程度 H 而消费者在任一期都意愿支付最高价格 ρ_H 的一个退化的马尔科夫均衡。

但是，当下式小于 0 时，即

$$V_1(\Phi,H)=p(\Phi)-c-\frac{c(1-\rho_H)}{\delta(\rho_H-\rho_L)}+$$
$$\delta[\rho_H V_1(\Phi_g)+(1-\rho_H)V_1(\Phi_b)]<0$$

此时令 $D=\frac{c}{\rho_H-\rho_L}$只能满足建立声誉所需的激励兼容约束条件$(IC_1)$，而无法同时满足厂商的参与约束$(IR_1)$。也就是说，厂商可能会因处罚过重而导致建立声誉无利可图。但我们知道，根据模型的基本框架可知，只要 $p(\Phi)-c>\rho_L$，厂商选择建立声誉是一种帕累托改进。不过，此时我们总是可以找到一个 $D\in\left(0,\frac{c}{\delta(\rho_H-\rho_L)}\right)$，在满足厂商参与约束条件$(IR_1)$下，拓宽激励兼容约束条件$(IC_1)$成立的区间范围，从而使厂商能够在更广泛的情况下以更高的概率采取高努力程度 H。这样一来，相较于没有引入产品责任制的情况，严格责任制可以保证均衡在更宽的区间内得到实现，这也是一种帕累托改进。由此，我们可以得到命题 2：

命题 2　在严格责任制条件下，令 $D=\frac{c}{\rho_H-\rho_L}$，厂商的激励兼容约束条件($IC_1$)即可得到满足;如果此时厂商的参与约束条件($IR_1$)也得到满足,均衡就会变成厂商在任一期博弈中均采取高努力程度 H,而消费者在任一期博弈中都意愿支付最高价格 ρ_H 的一个退化的马尔科夫均衡。我们总可以在 $D\in\left(0,\frac{c}{\delta(\rho_H-\rho_L)}\right)$ 上找到满足参与约束条件(IR_1)的最低额 D,使得厂商在更广泛的情况下以更高的概率采取高努力程度 H,从而保证退化的马尔科夫均衡可以在更宽的区间内得以实现。

命题 2 告诉我们,如果取 $D=\frac{c}{\rho_H-\rho_L}$,那么厂商的激励兼容约束条件总能得到满足,若参与约束条件同时得到满足,我们即可得到帕累托最优的博弈均衡。由此可见,严格责任制下选择适度的惩罚,厂商在任一期博弈中都没有采取低努力程度的激励,消费者也会意识到这一点,此时策略型厂商和承诺型厂商就没有区别,策略型厂商的声誉可持续维持——这当然是我们最希望看到的均衡结果。但是严格责任制的问题在于,如果惩罚数额 D 定得过大,厂商的参与约束条件就可能无法得到满足。也就是说,厂商可能会发现采取高努力程度将面临很大的不确定性,以致无利可图从而选择放弃建立声誉——这当然是我们不希望看到的。但只要这个惩罚金能够达到参与约束所要求的最低数额,就总是可以拓宽厂商选择高努力程度的声誉区间,使得厂商采取高努力程度 H 的概率上升,也就是拓宽了前述定义的良好均衡的运行区间。因此,在解决不完美监督条件下的产品质量问题上,只要惩罚数额适当,引入严格责任制比单纯依靠市场声誉本身加以治理是一种更好的方法,这也是法律干预可以弥补市场失灵的一种表现。

二、过错责任原则

现在我们讨论过错责任原则。在过错责任原则下,一旦发生了产品质量安全责任事故,如果法院可以判定厂商采取了高努力程度,那么厂商也可免于赔偿;如果法院判定厂商采取了低努力程度,那么厂商就必须支付数额为 D' 的赔偿金。在过错责任制下,我们需要区分法院就厂商是否采取高努力程度的判别能力,分情况加以讨论。一种情况是法院花费了一定成本,凭借管制部门的专家系统准确判断厂商的努力程度;另一种情况是法院即便花费了一定成本进行调查,仍然可能错误判别厂商的努力程度。我们先来看不存在法院错判的第一种情况。

1. 无错判可能的过错责任制

在这种情况下,如果策略型厂商本期博弈采取高努力程度 H,然后继续遵循均衡策略，那么它的期望收益函数为：

$$V_2(\Phi,H)=p(\Phi)-c+\delta[\rho_H V_2(\Phi_g)+(1-\rho_H)V_2(\Phi_b)]$$

由于不存在对厂商努力程度的错判，策略型厂商的参与约束条件(IR_2)自然得到满足，即

$$V_2(\Phi,H)\geqslant 0 \qquad (IR_2)$$

策略型厂商在本期博弈中采取低努力程度 L，然后继续遵循均衡策略，它的期望收益函数为：

$$V_2(\Phi,L)=p(\Phi)-(1-\rho_L)D'+\delta[\rho_L V_2(\Phi_g)+(1-\rho_L)V_2(\Phi_b)]$$

这里，

$$\begin{aligned}V_2(\Phi)=&p(\Phi)-\tau(\Phi)c-(1-\tau(\Phi))\\&[\tau(\Phi)(1-\rho_H)+(1-\tau(\Phi))(1-\rho_L)]D'+\\&\delta\{[\tau(\Phi)\rho_H+(1-\tau(\Phi))\rho_L]V_2(\Phi_g)+\\&[\tau(\Phi)(1-\rho_H)+(1-\tau(\Phi))(1-\rho_L)]V_2(\Phi_b)\}\end{aligned}$$

此时，厂商在本期博弈中采取高努力程度 H、建立声誉的激励兼容约束条件(IC_2)为：

$$\begin{aligned}&V_2(\Phi,H)-V_2(\Phi,L)\\&=\delta(\rho_H-\rho_L)[V_2(\Phi_g)-V_2(\Phi_b)]+(1-\rho_L)D'-c\geqslant 0\end{aligned}$$

整理可得：

$$V_2(\Phi,H)-V_2(\Phi,L)\geqslant\frac{c-(1-\rho_L)D'}{\delta(\rho_H-\rho_L)} \qquad (IC_2)$$

由于我们假设法院花费一定的成本可以甄别厂商的努力程度，专家系统自然也可以给出合理的 ρ_H 和 ρ_L 的值，因此法院可以规定 $D'=\frac{c}{1-\rho_L}$，这就可以确保激励兼容条件(IC_2)得到满足。由此，我们可以得到命题 3：

命题 3　在过错责任制下，如果法院凭借专家系统可以正确甄别厂商的努力程度，则可令 $D'=\frac{c}{1-\rho_L}$，此时策略型厂商建立声誉的参与约束条件(IR_2)和激励兼容约束条件(IC_2)均可得到满足，厂商每期博弈都会采取高努力程度 H 以建立声誉，而消费者每期博弈也都意愿支付最高价格 ρ_H。

这当然是我们最希望看到的均衡。但是，获得这样的均衡是需要成本的，这就是法院凭借管制部门的专家系统甄别厂商努力程度需要花费的成本。假设这个成本为 c''。如果下式成立，即

$$\rho_H-c-c''>E\{[\tau(\Phi)(\rho_H-c)+(1-\tau(\Phi))\rho_L]\}$$

这里，

$$E\{[\tau(\Phi)(\rho_H-c)+(1-\tau(\Phi))\rho_L]\}$$

上式是没有法律干预情况下策略型厂商采取使利润最大的策略所能得到的社会总期望收益。此时，过错责任制总是比没有法律干预情况下的福利程度更高；反之，从社会总福利角度看，过错责任制会得不偿失。

2. 存在错判可能的过错责任制

在过错责任制下，如果法院即便使用专家系统仍然存在错判的可能，情况就会更加复杂。错判有两种可能：其一，尽管策略型厂商实际上采取了高努力程度，但发生产品质量安全责任事故后，法院仍以 α 的概率判定厂商存在过错，需要支付赔偿金 D'，我们称法院的此类错判为第一类错误；其二，尽管厂商实际上采取了低努力程度 L，但发生产品质量安全责任事故后，法院有 $1-\beta$ 的概率判定厂商不存在过错而使之免于处罚，我们称法院的此类错判为第二类错误。相比于厂商采取低努力程度的情况，当厂商采取高努力程度时，法院判定其为低努力程度的概率总是小一些，我们可以合理地假设 $0<\alpha<\beta<1$。

如果策略型厂商本期采取高努力程度 H，然后继续遵循均衡策略，那么它的期望收益函数为：

$$V_3(\Phi,H)=p(\Phi)-c+\delta[\rho_H V_3(\Phi_g)+(1-\rho_H)V_3(\Phi_b)]-(1-\rho_H)\alpha D'$$

厂商建立声誉的参与约束（IR_3）为：

$$V_3(\Phi,H)\geqslant 0 \tag{IR_3}$$

如果策略型厂商本期博弈采取低努力程度 L，然后继续遵循均衡策略，那么它的期望收益函数变为：

$$V_3(\Phi,L)=p(\Phi)+\delta[\rho_L V_3(\Phi_g)+(1-\rho_L)V_3(\Phi_b)]-(1-\rho_L)\beta D'$$

这里，

$$\begin{aligned}V_3(\Phi)=&p(\Phi)-\tau(\Phi)c-[\tau(\Phi)\alpha+(1-\tau(\Phi))\beta]\\&[\tau(\Phi)(1-\rho_H)+(1-\tau(\Phi))(1-\rho_L)]D'+\\&\delta\{[\tau(\Phi)\rho_H+(1-\tau(\Phi))\rho_L]V_3(\Phi_g)+\\&[\tau(\Phi)(1-\rho_H)+(1-\tau(\Phi))(1-\rho_L)]V_3(\Phi_b)\}\end{aligned}$$

此时，为使策略型厂商在本期博弈中采取高努力程度 H 并建立声誉，还需要满足激励兼容约束条件（IC_3）：

$$\begin{aligned}&V_3(\Phi,H)-V_3(\Phi,L)\\&=\delta(\rho_H-\rho_L)[V_3(\Phi_g)-V_3(\Phi_b)]+[\beta\cdot(1-\rho_L)-\alpha\cdot(1-\rho_H)]D'-c\geqslant 0\end{aligned}$$

整理可得：

$$V_3(\Phi,H)-V_3(\Phi,L)\geqslant\frac{c-[\beta(1-\rho_L)-\alpha(1-\rho_H)]D'}{\delta(\rho_H-\rho_L)} \tag{IC_3}$$

由于 $0<\alpha<\beta<1$ 且 $0<\rho_H<\rho_L<1$，我们有 $\beta(1-\rho_L)-\alpha(1-\rho_H)>0$。因

此,即使法院存在错判的可能,过错责任制也仍然可以拓宽策略型厂商建立声誉的均衡区间。此时的情况与严格责任制比较相像,令 $D'=\dfrac{c}{\beta(1-\rho_L)-\alpha(1-\rho_H)}$,则激励兼容约束条件($IC_3$)可以得到满足,但参与约束条件($IR_3$)不一定能够得到满足,但只要找到能够满足参与约束条件的最小 D',我们就仍然可以拓宽策略型厂商建立声誉的均衡区间。由此,我们可以得到命题 4:

命题 4　在过错责任制下,如果法院存在错判的可能,假设法院犯第一类错误的概率为 α,犯第二类错误的概率为 $(1-\beta)$ 且 $0<\alpha<\beta<1$,令 $D'=\dfrac{c}{\beta(1-\rho_L)-\alpha(1-\rho_H)}$,那么厂商的激励兼容约束条件($IC_3$)可以得到满足,此时均衡就会变成策略型厂商在任一期博弈中都采取高努力程度 H 以建立声誉,而消费者在任一期博弈中也都意愿支付最高价格 ρ_H 的一个退化的马尔科夫均衡。我们总可以在 $D\in\left(0,\dfrac{c}{\beta(1-\rho_L)-\alpha(1-\rho_H)}\right)$上找到满足参与约束条件($IR_3$)的最小 D',使得厂商在更广泛的情况下以更高的概率采取高努力程度 H,从而保证退化的马尔科夫均衡可以在更宽的区间内得以实现。

然而,当法院存在错判的可能时,过错责任制的表现未必优于严格责任制。二者的优劣比较将取决于各参数的具体取值以及过错责任制运行所需的成本 c''。如果 $\rho_H-c-c''>E\{[\tau(\Phi)(\rho_H-c)+(1-\tau(\Phi))\rho_L]\}$ 这个条件不满足,那么过错责任制从社会总福利的角度看就不如严格责任制。在具体的适用情境中,法院犯错的概率大小也对结果有很大影响,其中法院犯第一类错误的概率 α 尤其重要。如果 α 值太大,那么参与约束条件(IR_3)得到满足的可能性就会大大降低。因此,过错责任制需要考虑更加复杂的行业环境以及法院和管制部门的专业化甄别能力,只有针对具体的情况认真地判断和取舍,才能构造出最优的法律机制。

三、强制性产品责任险与政府其他产品质量安全监管手段

产品质量安全监管部门或行业协会强制厂商购买产品责任险,当消费者消费厂商所生产的产品并发现其为低质量产品时由保险公司承担赔偿责任,是否可以解决厂商的市场声誉问题呢?在这里,我们只考虑保险市场也存在信息不对称的情况,为了方便讨论,假设消费者向保险公司索赔的成本为 0。

保险市场存在信息不对称,这意味着保险公司也不能完美地监督厂商的行为,而只能向厂商收取统一的保险价格 p',然后当消费者发现厂商的产品为低质量产品时由保险公司向消费者进行赔付。对于公平的保险价格 p',

我们有 $1-\rho_H<p'<1-\rho_L$,此时消费者意愿支付的价格为 1。承诺型厂商每期博弈的平均期望支付为 $1-c-p'<\rho_H-c$,也就是承诺型厂商购买保险后的利润变低了。如果策略型厂商购买了产品责任险,那么它唯一的最优均衡就是每期博弈均采取低努力程度 L。这样,策略型厂商每期博弈的平均期望支付为:$1-p'\geqslant\rho_L$。此时,承诺型厂商每期的平均期望支付比策略型厂商还要低,而且策略型厂商由于同样被强制购买产品责任险,也没有激励采取高努力程度以建立声誉,社会总福利水平不但没有提高反而下降了,均衡也变成了最差的结果。因此,全行业的强制性产品责任险无助于不完美监督条件下经验品市场上声誉的建立和维系。这就是管制失灵的表现。

政府的产品质量安全监管部门制定产品质量安全标准,并在某一期对厂商产品进行抽检,抽检不合格即加以惩罚。这样的监管手段能否解决这里提出的产品质量安全问题呢?其实,政府的这一监管手段发挥作用的机制与产品责任制具有逻辑上的一致性。首先,监管部门在进行产品抽检时,只要发现产品质量安全存在问题就进行惩罚,这就相当于严格责任制的事后法律干预。其次,如果监管部门认定抽检的产品合格率只要达到厂商采取高努力程度后能达到的 ρ_H 即可免于处罚,那么此时的情况就相当于上文对过错责任制的讨论,二者的基本逻辑几乎一致。与产品责任制相比,这种监管手段在一定程度上可以帮助消费者节省诉讼成本,但监管本身也需要花费成本,从社会效用最优的角度看,有必要对这两种成本——诉讼成本和监管成本——进行权衡。

第四节　结　　论

在不完美监督条件下的体验品市场上,单纯依靠声誉机制并不能完全解决厂商的产品质量问题。因为监督的不完美,即使厂商在某些时期采取低努力程度,消费者也难以依据有限的结果推测出厂商的类型。这样一来,策略型厂商通过在某些时期欺骗消费者,然后继续模仿承诺型厂商,可以获得比单纯模仿承诺型厂商更大的利润。特别是当承诺型厂商的声誉很高时,策略型厂商继续模仿承诺型厂商所得到的边际收益可能会低于边际成本,这就使厂商有更强的动机采取低努力程度,通过欺骗消费者来获取更大的利润,从而导致产品质量问题的发生概率提升。从长期来看,消费者会根据过往所有期的消费体验逐渐推断出厂商的类型,从而使得厂商的声誉难以维持。

产品责任制在不完美监督条件下的体验品市场上可以和声誉机制形成互补。无论是严格责任制还是过错责任制,都至少能在一定程度上使得厂商在更多期以更高的概率采取高努力程度,并拓宽良好均衡的运行区间。这可以帮助人们解决单纯依靠声誉机制所不能解决的一些问题。其中,严格责任制在厂商的参与约束条件始终得到满足时,可以使均衡达到最理想的状态。同时,由于严格责任制的运行成本较低,在均衡达到最理想状态时社会总福利也能达到最大。过错责任制在无法院错判的情况下一定能使均衡达到最理想状态。在法院有错判的情况下,如果厂商的参与约束条件也能得到满足,那么过错责任制也能使均衡达到最理想状态。但是过错责任制的运行成本较高,从社会成本最小化的角度来说,未必能实现社会总福利最大。因此在考虑社会福利最大化问题时,我们应当根据不同行业、不同产品市场上严格责任制与过错责任制的运行条件和运行成本进行综合比较,从而选择最优的产品责任制。

除了产品责任制,其他的治理机制(比如厂商的自我承诺、产品责任险)能够起作用的现实条件更为严苛,在现实中往往难以发挥比产品责任制更好的效果。此外,政府直接监管方式所产生的效果与产品责任制类似。

第八章　公平和风险分配视角下的侵权破产赔偿方案

公平分配就是平等分配，除非有充分理由实行另一种可选分配。

——迈克尔·D. 贝勒斯

第一节　引　　言

侵权引致的破产往往会造成大量尚未受偿的未来的侵权请求权人。大规模侵权的受害人甚至会在很长一段时间内都无法被充分揭示出来。美国石棉案中的受害人从暴露在石棉工作环境下到最终发病间隔着漫长的隐蔽时间①，我国媒体经常报道一些因不良工作环境而导致的疾病多年后才被发现从而求告无门等都是这样的案例。结果，有些侵权请求权人可能在公司破产重整之际还不知晓自己受害的事实。此外，侵权受害人的请求权数量也会存在很大的不确定性，破产侵权企业的请求权之解决方案必须保证在那些未来可能的侵权请求权上进行"公平分配"。② 这是一项极其困难的任务。

在美国法律史上，Johns-Manville 公司的破产因与石棉案相关而闻名，这一破产案件彰显了保护未来的侵权请求权的困难之处③。Johns-Manville 公

---

① 石棉是指具有高抗张强度、高挠性、耐化学侵蚀、耐热性、电绝缘性和可纺性的硅酸盐类矿物产品。石棉由纤维束组成，纤维束又由很长很细的能相互分离的纤维组成，由于石棉具有高耐火性、电绝缘性和绝热性，是重要的防火、绝缘和保温材料，在汽车、化工、电气设备、建筑业等制造业部门的使用非常广泛。但是，石棉纤维容易引起石棉肺、胸膜间皮瘤等疾病，而且这类疾病的潜伏期很长，相关人员往往二十余年之后才能确诊患上了这类疾病，一旦发现患病，往往原有生产石棉产品的企业已经破产或者几经更替，造成大量无法主张的侵权索赔权。

② 破产立法的基本原则之一就是债权人的公平分配原则。所谓的公平分配，正如法理学家迈克尔·D. 贝勒斯所指出的，公平分配就是平等分配，除非有充分理由实行另一种可选分配。但是这种公平分配主张经常遇到现实的挑战，对于公平的理解本身就有见仁见智的主观成分在其中。

③ 1978 年美国改革了破产法，规定有清偿能力的公司在面临现实或预期的产品责任而使企业濒临破产之时，可以提出破产重整之申请。20 世纪 80 年代美国发生的一系列石棉污染赔偿案就是这类通过破产程序处理大规模侵权问题的典型案例。1982 年 8 月，Johns-Manville 公司依据 1978 年的美国破产改革条例申请破产重整，公司当时面临 1.6 万余件与石棉污染伤害有关的诉讼，随着破产程序的展开和结束，仍有大量的石棉受害人不断提起诉讼。

司的重整计划包括成立一家信托基金，以补偿未来可能的侵权请求权人。但是，这家信托基金的资金很快告罄，因为侵权请求权人数量和侵权请求权规模大大超过当初的预期。后来的侵权请求权人比先来者得到的补偿要少得多，甚至根本无法得到补偿，这一结果是不公平的。然而，类似的事件在现代市场经济中不断发生，大有趋向严重之势。在美国，围绕吸烟与患病之间的时间滞后性，对烟草公司的诉讼此起彼伏，未来侵权请求权的问题很可能使得大型烟草公司陷入破产境地，或者不得不面临集体和解局面。美国的今天，或许就是中国市场经济的未来，对此学术界必须未雨绸缪。

在展开分析之前，我们要明晰一个隐性假设：对于财富受限企业从事风险性经济活动从而带来侵权事故隐患的情况，越早提出破产申请完成重整计划或者迅速根据法律成立侵权信托基金将是有效率的；在整个社会层面，尽管存在未来可能的侵权请求权人问题，上述行为也是有益的。[①] 尽早提请破产可以保护未来的侵权请求权人，提高公司价值，还可以降低法律成本。当一家企业面临大量的未来侵权债权而延迟申请破产时，它必须充分补偿当前的侵权请求权人。这就使得未来的侵权请求权人在企业清算时无法得到充分补偿，因为此时企业的大部分资产已经赔付给先前的侵权受害人。由于企业长期的前景将会因侵权债权的潜在累积而变得不确定，从而可能会缩减它未来的利润空间，它想获取新的注资以便投资新项目的计划也会遇到很大的困难。而且这种非效率的情况也会减少资产价值，从而无法给予侵权受害人和其他债权人充分的补偿。

但是，侵权破产程序下成立侵权赔偿基金并没有解决未来侵权请求权问题，困扰这一方案的方面有两个：第一，在破产谈判中，未来的侵权请求权人是缺位的，没有任何一方代表着他们的利益。当前的侵权请求权人和其他债权人的代表会竭力为委托人争取利益，而且他们的行为也会受到委托人的监督。然而，未来的侵权请求权人主体是谁尚且不得而知，委托人既不能选择也无法进行监督，更不用说补偿其代理人。一般来说，保护委托人的功能一般由国家提供，法院会为他们指定一个代理人。我们几乎不会感到奇怪，为什么对未来的侵权请求权人的赔付总是不足的。第二，即便存在对未来侵权请求权人的有效代理，也无法解决公平分配问题。未来请求权人在数量和赔偿规模上的不确定性会使得任何赔偿计划都可能脱离预期，与当前已知的侵

---

① 支持这一假设的观点认为，在解决侵权赔偿不足或大规模侵权问题上，破产法中的重整条款是一种有效率的解决方案。Gibson(2000)建议，由于破产重整比集体诉讼提供了更为公平的解决大规模侵权请求权的方法，政策制定者应关注如何使得破产更有效率的那些方式。Pitchford(1995)解释了在破产情况中债权人权利更大会给予企业更强的激励去冒大规模侵权的风险，间接支持了我们的假设。

权请求权人相比,真正的公正是很难实现的。

Mark Roe 教授和 Thomas Smith 教授给出了各自的富有创造性的建议,目的在于改进未来侵权请求权的评估程序,这些改进后的评估程序减轻了未来侵权请求权代理问题的严重性(Roe,1984;Smith,1994)。实际上,这些方法的目的在于追求在当前侵权请求权和未来侵权请求权之间公平地进行支付,避免出现未来侵权请求权人补偿不足问题。侵权赔偿基金和改进侵权请求权评估程序都是值得深思的替代性方法,它们都可以降低或者减轻目前这种过于偏向维护当前侵权请求权人利益的倾向。尽管如此,我们还是要说 Roe-Smith 方法在实践中存在一些重要缺陷。虽然他们的方法可以减轻不公平的程度,却无法全面消除这一问题。关于 Roe-Smith 方法,我们稍后再做详细讨论。

侵权破产协商程序除了要分配资产,还要分配风险。因为未来侵权请求权规模是不确定的,而赔偿基金数额总是有限的,每个债权人可获得的价值也将是不确定的。一般而言,金融理论表明资产的风险越大就应获得越高的收益。这样一来,对债权人的补偿因需承受未来侵权请求权的风险而应索取更高的平均收益,从而其收益会体现出不确定性。但是在目前的侵权赔偿实践中却没有这样的做法。因此,价值(或收益)和风险的分配是本章要解决的两个核心问题。

本章分为以下几个部分:在第二部分,我们再次探讨未来侵权请求权人所面临的代理问题,并指出这些问题的困难所在,对侵权破产财产分配中如何实现公平提出疑问。在第三部分,我们检验未来侵权请求权人代理问题的有效性,先指出的确存在这种分配不公平的结果,然后给出 Roe 和 Smith 所建议的改进方法。就未来侵权请求权的代理难题,本章介绍文献提出的处理方案,并对这些方案进行比较,分析各自的优势所在,指出各自的不足之处。在第四部分,我们集中讨论当前和未来的侵权请求权之间风险的分配问题,认为鉴于未来侵权请求权人会面临侵权请求权人数量上的风险,当事人应当尽可能地少承担这种未来请求权风险。我们希望能够为当前的司法实践提供一些切实的建议,为法官、立法者以及侵权赔偿基金管理人和其他政策制定者提供可执行的制度借鉴。在第五部分,我们对 Roe-Smith 方法与确定性等价方法进行比较,并综合各自的优点,提出更为可行的实施方案。

第二节 未来侵权请求权人的代理问题和侵权破产

在由公司侵权所致的破产案中,破产法庭常常会为未来的侵权请求权人指定法律代理人。从理论上说,这些代理人应该根据破产法的相关要求,保护未来侵权受害人的利益。但是，这些安排显然并不足够。

法学界总是强调“公平分配”，意思是说处于相同情况下的请求权人应该得到同等的待遇，即同等受偿。具体到侵权破产案件，这意味着当前请求权人和未来请求权人应该得到同等的补偿，因为他们的处境相同，唯一不同的可能就在于时间折现问题。侵权事故出现的时间先后不应与利益挂钩，两类受害人应当同等受偿才能称得上公平分配。比如在“三鹿”奶粉破产案件中，后来的侵权受害人相比于先到的已经申请赔偿的侵权受害人，应享有同等的受偿权。但是，如果要实现彻底的公平分配，就应该等到所有的未来侵权受害人全部出现再对侵权企业的财产进行分配。这显然是不现实的，其结果也并不为社会所期待，因为这样的处理方式无法为当前侵权受害人提供及时的救助或补偿，尤其是在需要支付高昂的医疗费时。这样一来，破产法庭和政策制定者就必须在公平分配成本和其他目标之间进行权衡。

有关未来侵权请求权代理问题的最著名案例莫过于 Manville 破产案。Johns-Manville 公司于 1982 年 8 月 26 日提起破产申请，案例之所以引起人们的广泛关注，正是因为该公司申请破产之时仍有由于使用公司的石棉产品而招致疾病的难以尽数的尚在潜伏期的侵权受害人。在这一时期，未来的侵权请求权人的权益尚且没有得到法律的确认和保障，因此当时针对 Manville 公司的大量诉讼集中爆发。虽然当前侵权请求权人和未来请求权人同样受到石棉产品的危害，但是 Manville 公司的重整计划只给予未来侵权请求权人很小的份额，其中最主要的问题出在受理案件的破产法庭对未来请求权人数量的估计严重不足。对于未来那些不幸的受害人来说，公平分配的信条只能是一纸空文。由此，法学界人士认为正是未来侵权请求权人的代理不足问题导致该案件得到不利的判决结果。破坏未来侵权请求权人的代理人在破产谈判中的辩护有以下几个因素：首先，未来侵权请求权人的客户对象难以辨识，甚至根本无从知晓，以至于未来侵权请求权人无法监督其代理人在破产谈判中的表现。其他利益相关方总会在破产重整中为自己的代理对象——比如当前侵权受害人或者无担保债权人——尽力争取利益，这种压力会使得有关破产重整的谈判更加支持积极参与的相关方。一旦案件陷入胶着状态，谈判变得非常艰难之际，缺乏监督和真正责任压力的未来侵权请求权代理人就更容易屈服，以便使案件早日具结。其次，未来侵权请求权代理人的动机也有异于其他代理人。相对于债权人的代理律师和当前侵权请求权代理人，争取更大利益的激励明显不足，最大化客户利益这一动机并不凸显。最后，此类破产案件中未来侵权请求权人的数量不但只是一个抽象的数字，而且这一数字还非常不确定。对未来侵权请求权人数量的估计不但非常复杂，而且备受争议。而债权人权益的计算以及当前侵权请求权人的数量基本上不会受到很大的非议。

通过上述的讨论我们可以看到,此类侵权所致破产的清偿案件在当前债权人和侵权请求权人与未来侵权请求权人之间在公司资产分配方面产生不公平后果是如何顺理成章的。未来侵权请求权人的代理人缺乏监督、激励不足,再加上未来侵权请求权人数量的模糊与计算上的困难,都使得代理人维护客户利益的动机不是那么强烈。要解决这一问题,破产法庭就必须克服未来侵权请求权代理难题。

第三节 克服未来侵权请求权代理难题

一、Roe-Smith 解决方案

为未来侵权请求权人指定代理人的制度得到世界各国破产法律立法者的广泛支持,其合理性在于它从制度上保障了未来侵权请求权人的利益。我们并不反对这一制度本身,而且从法律的公平正义的基本原则出发,保护未来侵权请求权人的利益也符合人类社会对于正义的追求;问题的实质在于,这类未来侵权请求权代理人制度在保护未来侵权请求权人方面面临代理人的能力和激励上的不足。任何意图解决公平分配问题的方案都必须克服这些不足。

Mark Roe 教授和 Thomas Smith 教授针对目前破产法律的实践提出各自的解决方案,希望完善未来侵权请求权代理人制度。他们的方案都旨在减轻未来侵权请求权代理难题的影响程度,而非从根本上消除这一问题。

1. Roe 的可变年金方法

Roe 教授的解决方案改变了给予当前侵权请求权人补偿的时间。标准的侵权案的做法是,受害人可以获得一次性总付的补偿金。一旦诉讼案成立,施害人就必须将全部补偿给予受害人。但是,由于大规模侵权破产案件往往涉及大量的数量不确定的未来侵权受害人,这种解决方案显然不够合理。Roe 主张阶段性地对当前受害人的侵权诉求进行补偿,而不再是一次性总付形式。Roe 将他的建议与可变年金这种金融形式做类比,每年支付给侵权受害人的赔偿规模依据可用于支付的基金规模以及侵权请求权人预期和真实的数量而定。随着时间的变化,年金支付的数额也在变化。如果基金资产价值上升,或者未来侵权请求权人数量被证明少于预期,年金支付数额就会上升;如果基金资产价值下降,或者未来侵权请求权人数量被证明多于预期,年金支付数额就会下降。

Roe 教授的方案的确可以减轻未来侵权请求权代理问题的严重程度。即使有其他原因导致对未来侵权请求权的估计偏误，Roe 方法也可以确保在这一偏误基础上做出的决策之后果变得更微小。比如，若在破产过程中对未来侵权请求权人数量的估计偏低，则可变年金方法可以保证基金支付受偿债务后余下的基金部分不会在较早阶段过多支出，而是逐渐增加支出，为未能预期到的未来侵权请求权人留出资金。这一方法可以部分地维护未来侵权请求权人的利益。

然而，Roe 方案虽然可以减轻代理难题所造成不良后果的程度，但不能全面地解决这一问题[①]，方案并没有解决前述代理难题的不足。这样，先到的侵权请求权人仍然会比后到的侵权请求权人得到更多的赔偿，尽管赔偿规模相比传统的破产赔偿方案更公平一些。此外，对于那些迫切需要立即得到赔偿以便支付各种支出的当前侵权受害人，这种分配方案会带来更多的问题。总而言之，年金方案的有效性依赖于正确估计未来侵权请求权规模的能力，对年金的分配进行再调整将会为侵蚀现有的侵权请求权人利益提供很多机会。此外，运行可变年金基金的成本更高，它要求与所有的侵权请求权人联系，当发生大规模侵权事故时，这一工作的难度可想而知；运行这样的信托基金将使成本高企，从而大大侵蚀了年金方案的潜在收益。这些因素也解释了为何 Roe 方案早在 1984 年就已提出，却至今迟迟没有付诸实施。

2. Smith 的资本市场方法

Thomas Smith 教授的资本市场方法同样试图降低未来侵权请求权代理问题所造成的损失。但是与年金方法不同，Smith 并不要求信托基金去估计未来侵权请求权人数量，而是将估计工作让给资本市场加以承担。Smith 认为，即便存在无效率的代理问题，资本市场方法也依然可以维护未来侵权请求权人的利益。

资本市场方法始于一种新型金融工具。新型金融工具由破产企业的一部分资金予以支持，一段时间之后等到所有的未来侵权请求权均已确认之后方才开始支付。每个侵权请求权人都可以根据伤害程度享有自己的份额，从而最终获得赔偿。如此一来，这个金融工具使每个请求权人得到的份额不断地变化，但是可分配的总价值是固定可知的。一旦金融工具到期开始支付，每个所有权人都可以得到根据自己份额应享有的支付金额。

接下来举例说明。假定一家公司因面临大量的侵权请求权而宣布破产[②]，出于简化考虑，假设该公司没有合同债权。在这种情况下，公司的全部

① Smith 教授对 Roe 方案的批评更为具体。

② 这种侵权请求权既包括像三鹿奶粉破产案中大量的当前侵权请求权，也包括像石棉案件中大量的未来侵权请求权。

价值（资产）最终都要支付给侵权请求权人。进一步假定未来侵权请求权人规模将会在10年内得到确认；公司资产价值为10亿元人民币，这些资产用于支撑特定金融工具——Smith教授称之为侵权金融工具（tort instrument）。金融工具10年后才开始支付，一旦支付即将所有的资产价值分配给所有权人。如果当前的侵权请求权总额度为5亿元人民币，那么当前侵权请求权人就基于侵权金融工具相应发行5亿股份。随着更多的侵权请求权得到确认，侵权金融工具就发行更多的股份。假如第5年又产生4亿元人民币侵权请求权，第6年产生6亿元人民币侵权请求权，其他年份没有产生更多的侵权请求权，那么在到期日就会有15亿股份。当基金开始支付其资产时，每个股份所有者将得到0.667元/股[①]。在这里，我们忽略了资产的时间价值以及风险溢价等额外收益。可以看到，所有的侵权请求权都得到了同等的对待，早到者的股份并没有得到额外的价值。

资本市场方法可以改善公平分配状况，因为这一方案要等到所有的侵权请求权全部确认才进行资金支付。但是，前文已经提到，对于那些急需金钱为伤害修补进行支付的侵权受害人来说，让他们等到所有侵权请求权完全确认才获得赔偿，显得非常残酷。如果把这种方案放在现实发生的案件中，那么其带来的司法执行困难是可以想见的。Smith教授考虑到这一点，他的方法允许当前侵权请求权人卖出其在侵权金融工具中的股份，这就解决了我们提出的问题。Smith教授相信这些股份的市场价格是很公平的，市场中的个体能够根据自己的理性去判断侵权金融工具的价值。这样一来，资本市场方法就通过资本市场而非破产谈判在当前和未来的侵权请求权之间分配赔偿，将未来侵权请求权代理问题的影响降到最小。

资本市场方法要创造一种新型金融工具，还要提供一个可以交易这种金融工具的市场，实践上的困难使得资本市场方法的效率打了不少折扣。Smith教授提出只允许机构投资者购买金融工具的信托股份，这就可能出现个体侵权请求权人只能将自己的股份以低价卖给机构投资者的情况。因为这个市场规模不会很大，所以机构投资者操控这样一个市场的可能性是非常大的。如此看来，资本市场方法至多只是一种局部解决公平分配问题的方案，仅仅适用于那些规模超大的侵权破产案件，因为发展Smith教授所提议的那种资本市场几乎不可能。此外，资本市场方法几乎不关注代理问题，这种方案很可能在破产谈判一开始就被当前侵权请求权人的代理人否决，从而丧失被破产法庭选定的可能性。而且，从风险承担的角度看，Smith教授的

---

① 0.667元/股＝10亿元÷15亿股。

资本市场方案对未来侵权请求权人的利益分配也是非常不公平的。

Roe 和 Smith 提出了各自的富有建设性的方案，以求实现侵权破产赔偿的公平性。但是，他们的方案都没有直接改善未来侵权请求权人的代理难题，他们一直在努力解决的只是使这种由代理难题带来的不良影响最小化。而且，由于 Roe-Smith 方案还需要配套的制度创新，从而增大了在实践中实施这些方案的困难程度。事实上，如果代理难题无法解决，那么当前侵权请求权人和其他债权人的代理人在破产谈判中会争取一切对委托人有利的解决方案，从而避开可变年金方法或资本市场方法。

二、Listokin-Ayotte 比例费补偿方案

正是在上述背景下，Listokin and Ayotte（2004）提出了比例费补偿方案（percentage-fee compensation scheme）。为了确保在侵权破产案件中未来侵权请求权人能够得到公平的对待，Listokin 和 Ayotte 认为未来侵权请求权代理人应该从未来侵权请求权人获得的赔偿金中收取一定比例的佣金作为代理费。这一建议的大致情况如下：假定所有侵权请求权人都是侵权破产企业的未来请求权人，在未来 20 年内他们可以获得 10 亿元的赔偿，破产法庭确定费用比例为总赔偿金额的 1%。这意味着未来侵权请求权代理人可以获得 1 000 万元的代理费，如此侵权请求权代理人就会有很强的激励在破产谈判中去争取最大化对未来侵权请求权人的资金支付。在这个假设的例子，如果代理人通过努力使得对侵权请求权人的赔偿额度达到 15 亿元，未来侵权请求权代理人就会获得 1 500 万元代理费，这样的收益提升前景势必会大大增强对他们的激励。在这种激励兼容方案之下，Listokin 和 Ayotte 认为代理问题将会迎刃而解。

的确，比例费补偿方案对于前述所讨论的代理难题有着很强的针对性。一旦未来侵权请求权代理人可以取得请求权人一定比例的补偿资金，未来侵权请求权人的利益对代理人来说就不再是一个抽象的概念，而是与其收益息息相关的切实存在。在破产赔偿谈判中，未来侵权请求权代理人会不遗余力地强调统计数据所显示的侵权事故的严重性程度，至少会比其他请求权人更加强调这一点。再者，他们也会尽力选取对未来侵权请求权人有利的可能比例估计方案，从而扩大对未来侵权请求权人数量的估计范围，毕竟比例估计方案对破产赔偿谈判而言至关重要，而未来侵权请求权代理人的坚持和能力在这种方案选择中常常扮演重要的角色。

由于比例费补偿方案满足激励兼容要求，未来侵权请求权人对代理人的监督缺失问题也就不复存在。虽然未来侵权请求权人仍然不能在破产谈判中

表达自己的意愿，但是其代理人在比例费框架下已经将未来侵权请求权人的目标内部化，此时代理人与客户之间已经是同舟共济的关系，因此未来侵权请求权人的利益也就得到了保护。此外，比例费补偿方案相较于 Roe-Smith 解决方案在金融制度上的要求不高，这就意味着该方案的现实可行性会比较高。

比例费补偿方案遇到的最大问题可能还是人们的情绪反应。毫无疑问，比例费补偿方案可能会付给未来侵权请求权代理人大笔费用，那些无担保债权人和当前侵权请求权人可能会利用这一点做文章，认为律师牟取了大笔的费用，从而损害了侵权受害人的利益。但是从更为理性的角度看，解决大规模侵权破产案件中的公平分配问题是不可能无损利益的，而是需要付出代价的，而这些代价需要由所有的债权人共同承担。这就是公平的代价！这才是理性中最残酷也最真实的一面。

破产案件的法官或者破产管理人应该为未来的侵权请求权人选定代理人，鉴于高额的回报，这一职位的竞争将会非常激烈。因此，Listokin 和 Ayotte 还指出，破产案件的法官或破产管理人应当把握两个选择标准：一是代理人应拥有处理这类案件的娴熟的技能，二是代理人在竞争中出价最低。一方面，这种选择可以保证未来侵权请求权人的利益最大化；另一方面，它还可以尽可能地降低代理费。

到现在为止，关于侵权破产案件中的公平分配问题，我们多集中于未来侵权请求权人代理问题，学术界也集中探讨这一问题，但是对于破产案件中未来侵权请求权人所面对的风险配置问题的分析则显得非常不足。实际上，相对于当前侵权请求权人，未来侵权请求权人面对的风险要大得多。这种风险来自两个方面：一是基金运作结果存在不确定性，二是未来侵权请求权规模也是不确定的。因此，如果仅仅在数额上平等分配给当前侵权请求权人和未来侵权请求权人以同等的赔偿金，那么这并没有实现真正的公平。

正是基于此，我们提出一套基于风险的公平分配解决方案。

第四节　公平分配中的风险配置

一、"公平"的风险配置

当前侵权请求权人并不会面临风险，因为他们可以在破产谈判结束而破产案件判决之时拿到赔偿金；但未来侵权请求权人就不得不面对风险问题，因为破产重整之后的企业或者破产信托基金的未来现金流具有内在的不确定性。如果破产案件中的一些债权人因取得破产重整后企业的股权而成为股东，那么因为债权在破产清偿顺序中享有更高的优先权，所以债权比股权风险要小，风险配置中就应该区别对待这些债权人。但是，风险的不同配置不会出现太大的问题。第一，破产法中绝对优先权原则会保护债权人，清偿顺序已经很好地为风险配置提供了法律保障；第二，破产重整后的企业股票可以在一个有效的流动性强的资本市场上流通，这会为不同风险偏好的人们提供交易场所。一个风险厌恶程度较高的当前侵权请求权人可以选择在这个市场上卖出自己的股权，而一个喜好风险的当前侵权请求权人可以选择在这个市场上买入更多的股权。对于当前侵权请求权人和其他债权人来说，风险配置已经从法律和市场两个方面提供了保护，也符合他们各自的风险态度。从法律上看，绝对优先权原则和权益形式的自主选择可以做到这一点；从市场上看，资本市场的自由流通属性本身就可以为不同风险态度的个体提供符合其偏好的风险配置结果。

但是对于大规模侵权破产案件中的未来侵权请求权人来说，风险配置就不再那么简单。由于存在认知困难，法院或者其他债权人几乎不可能对未来侵权请求权人面临的风险进行准确"定价"。即便市场可以对这样的风险进行明确定价，但人们对未来侵权请求权人的个体风险偏好一无所知，无法为破产法庭提供相关信息，而未来侵权请求权代理人也不能正确了解委托人的风险偏好，因此法庭不可能得出最有效率的风险配置结果。

这样，破产法庭就需要一个评估风险配置的规范性目标。Smith 教授曾经给出一个非常不错的出发点，他假设在"无知面纱"之后，"未来侵权债权人不会同意支付给当前侵权债权人更多赔偿金，而宁肯选择同等对待两类侵权债权人的方案"。我们可以这样来修改一下 Smith 教授的结论：如果完全平等地对待两类侵权债权人是一个值得追求的目标，那么未来侵权债权人承担更大风险的方案就不应该是我们所选择的。因此，一个值得追求的规范性目标应该是：**一个方案应该做到让侵权债权人在选择成为当前侵权债权人和未来侵权债权人方面无差异。**

二、确定性等价方法

为了能够实现风险配置在当前侵权请求权人和未来侵权请求权人之间无差异的标准，我们提出一种新的方案——**确定性等价方法**。

为了便于阐述，假设侵权请求权人可以按一次性总付形式取得赔偿，这是当前破产案件几乎一致的做法。这样一来，未来侵权请求权人数量上的风险就全部配置给了未来侵权请求权人。当前侵权请求权人业已取得赔偿，并没有面临任何未来的风险，而未来侵权请求权人将面对赔偿基金随时告罄而自己的请求权尚未实现的风险。如果这样来判决，我们就无法实现真正意义上所有侵权债权人之间的平等。从经济学的角度看，对当前侵权请求权人的赔偿应当等于未来侵权请求权人处于风险状态下赔偿所得的“确定性等价”之值。风险厌恶的个体会对有风险项目收取一个相对于风险资产期望值更低的估值，经济学家称之为“确定性等价”值。由此可知，确定性等价方法可以补偿承担额外风险的未来侵权请求权人的损失。

现在假设有两个侵权请求权人，一个是当前侵权受害人，一个是潜在的未来侵权受害人。每一个请求权人的生命价值换算成货币财富为 1 500 万元，这里面不包括损害赔偿。当前侵权请求权人的赔偿金是 100 万元，而未来侵权请求权人的赔偿金可能是 50 万元，也可能高达 150 万元，二者概率相等(即均为 50%)。为了便于分析和阐述，假定折现率和利率都是 0。进一步假设信托基金中可供补偿侵权受害人的资金总计 100 万元，如果不考虑风险，公平的分配就应该是二人平等地得到这笔资金，即每人 50 万元。而确定性等价方法主张未来侵权请求权人平均而言应该得到更多的补偿，这个确定性贴水依赖于未来侵权请求权人所表现出来的风险厌恶程度。我们可以用对数形式的效用函数简化表达风险厌恶者的偏好，这个函数可以很好地将风险厌恶态度进行定量转换，从而可以使用确定性等价方法确定相应的数值。

在上述假设之下，当前侵权请求权人应该得到大约 43.8 万元，而未来侵权请求权人将会得到余下的 56.2 万元，这两个数值[①]可以满足无差异原则的要求。未来侵权请求权人在以下两个选择上近乎无差异：一是受到 100 万元的损害，得到 43.8 万元补偿；二是有 50%的概率损失 50 万元、50%的概率损失 150 万元，得到 56.2 万元补偿。尽管支付给每个侵权请求权人的真实收入是固定的，但是未来侵权请求权人得到的赔偿比例仍然存在风险，因为未来侵权请求权人数量并不确定。这种不确定性并不是未来请求权人本身的问题，而是破产法无法为不确定的人数指定施害人承担难以确定的责任。因此，从名义收入上看，未来侵权请求权人应该得到更多的赔偿；而从实际的期望赔偿所得来看，当前侵权请求权人和未来侵权请求权人的赔偿所得是相等的。正是因为未来侵权请求权人要承担额外的风险，才需要给予他们更多的补偿。

在我们假设的这个例子中，未来侵权请求权人的数量是固定的，而在现实中，这种情况实属特例。如果未来侵权请求权不但在伤害程度而且在人数上都出乎预料，赔偿基金的缺口就会非常之大，在确定性等价方法中，要支付

---

① 求解以下方程中的 x 可以得到这两个数值：$\ln(150-100+x)=0.5\ln[150-50+(100-x)]+0.5\ln[150-150+(100-x)]$。

给未来侵权请求权人的赔偿金数额也会非常大。这样,确定性等价方法可能经常会脱离初始设定的目标——相等的期望补偿原则。因此,我们必须解决来自未来侵权请求权规模上的不确定性问题。

三、判定未来侵权请求权的风险贴水

判定未来侵权请求权赔偿金额的规模并没有什么捷径。一种办法是粗略估计案件中的风险贴水,比如可以将未来侵权请求权的方差大致视同某种特殊类型的市场交易资产的情况。但这种方法只是大略的估计,一般而言,风险贴水取决于很多因素,比如未来侵权请求权人的数量及其受侵权事故伤害的程度、受害人的财富水平、受害人的风险厌恶程度及其购买保险的情况等。由此可知,这一贴水会非常受限于具体案件的情况,在选择作为侵权请求权类比的特殊类型的市场交易资产时也应该综合考虑这些因素。

我们还是回到前面假设的例子来说明这个问题。当前侵权请求权人只有一个,损害赔偿请求额为 100 万元;未来侵权请求权人也只有一个,但其受伤害程度是不确定的,分别以 50%的概率承受伤害 50 万元和 150 万元;二者的期望值都为 100 万元,可用于赔偿侵权请求权人的资金为 100 万元。

第一,我们可以证明未来请求权规模的不确定性越小,给未来侵权请求权人的贴水就越小。① 假设现在未来侵权请求权人有 50%的概率损失 80 万元、50%的概率损失 120 万元,可以看到其期望损失依然是 100 万元,但是方差变小了。一旦我们做出这种修改,在此情况下,确定性等价方法给出的方案为:当前侵权请求权人应该得到 49 万元,而未来侵权请求权人可以得到 51 万元。② 而在初始情况下,当前侵权请求权人得到的是 43.8 万元,未来侵权请求权人得到的是 56.2 万元。一旦未来侵权请求权规模的不确定性程度下降,要使得未来侵权受害人在选择成为当前侵权受害人还是未来侵权受害人上无差异的必要贴水就会随之减少。之所以如此是因为不确定性程度下降意味着最差的结果会变得不是那么难以忍受,未来侵权请求权人就不再需要那么多贴水来维护自己的利益,而给当前侵权受害人和未来侵权受害人的损害赔偿就会逐渐接近。如果未来侵权请求权规模完全确定,那么当前侵权请求权人和未来侵权请求权人将会平分 100 万元。

第二,在给定不确定性水平的情况下,侵权请求权人自身的财富水平越

---

① 这个例子仅仅考虑伤害程度的不确定性而没有直接考虑受伤害人数的不确定性,但是由于这个结果是定性的,因此并不影响最终的结论。

② 要得到这个结果,可以求解方程中的 x: $\ln(150-100+x)=0.5\ln[150-80+(100-x)]+0.5\ln[150-120+(100-x)]$。

高意味着确定性等价贴水越小。更富有的未来侵权请求权人可能更有能力来承担较差结果的风险,而相对贫穷的侵权受害人承担风险的能力更差,会对侵权赔偿基金有更强烈的需求。[①] 因此,用来保护未来侵权请求权人在未来才会凸显的伤害所需的贴水,就会随着其财富水平的提升而减少。假设侵权请求权人拥有财富 170 万元而非 150 万元,其他因素与我们所讨论的初始例子的设定相同,但是现在加入一个新的参数——改变侵权请求权人初始总财富值。在这样的改动设置之下,未来侵权请求权人应该取得大约 55.2 万元的赔偿。[②] 这个数值小于初始情况下的 56.2 万元,说明财富水平越高反而会降低为了保护未来侵权请求权人而必须付出的贴水额。

第三,如果对当前侵权请求权人和未来侵权请求权人造成的伤害越小,确定性等价贴水值也会越小。仍然回到初始的例子,假设当前侵权请求权人仅仅遭受 1 000 元的损失,而未来侵权请求权人分别以 50%的概率遭受 500 元、1 500 元的损失,侵权请求权能够得到的全部赔偿金只有 1 000 元。在这种情况下,当前侵权请求权人应该获得 499.95 元,而未来侵权请求权人可以获得 500.05 元。[③] 这样,如果侵权伤害程度变得足够低,确定性等价值也会变得非常小,几乎可以忽略不计。这说明当确定性等价方法应用到侵权事故损失相对于财富总额较大的情境中时,其才会更有价值,否则它就显得过于复杂了。由于造成企业破产的侵权事故所带来的损失相对于受害人的个体财富往往更加巨大,有理由相信确定性等价方法可以为破产程序提供一种更有效、更公平的赔偿分配方案。

第五节　确定性等价方法与 Roe-Smith 方案的比较

前文描述了确定性等价方法,并分析了具体贴水额度的判定,实际上,确定性等价方法与 Roe 的可变年金方案和 Smith 的资本市场方案是完全一致的,各有优势,综合考虑三种方法的优劣,或许每种方法都可以有所改进。

Roe 的可变年金方案并未提到未来侵权请求权人可能面临的风险,因此该方案对当前侵权请求权人的赔偿水平显得过度了。为了弥补这一不足,可

---

① 风险厌恶程度会随着主体财富水平的不同而不同,这个可以通过恒定风险厌恶系数(coefficient of relative risk aversion,CRRA)来表达。CRRA 会考虑侵权受害人总财富以衡量其风险厌恶程度,而风险厌恶程度的不同会直接影响确定性等价的数值。

② 要得到这个结果,可以求解以下方程中的 x:$\ln(170-100+x)=0.5\ln[170-50+(100-x)]+0.5\ln[170-150+(100-x)]$。

③ 算法和之前一样,仍然是求解方程中的 x:$\ln(150-0.1+x)=0.5\ln[150-0.05+(0.1-x)]+0.5\ln[150-0.15+(0.1-X)]$。这里的单位是万元,1 000 元的损失就显得微不足道了。

以将确定性等价方法与可变年金方案相结合，可变年金的支付也可以把未来侵权请求权的风险考虑进来。可变年金的基金管理人在向初始的当前侵权请求权人支付时要做到最为保守，随着未来侵权请求权所面临的风险逐步得到缓解，基金管理人再随之调整可变年金的支付额度，从而使得年金支付额能够反映新的有关未来侵权请求权的信息。因此，可变年金的支付应该是逐步增加，随着风险的下降，基金管理人的年金支付增长率也应加快。[①] 毕竟，未来侵权请求权人承担的风险更大，对他们的年金支付额应该更多，尤其是针对最后阶段的侵权请求权人的年金支付更应如此。反过来，可变年金方案还可以改进确定性等价方法。当确定性等价方法以一次性总付形式支付赔偿时，由于未来侵权请求权人承担了全部风险，因此确定性等价贴水经常是巨额开支。可变年金方案则是逐渐提高赔偿支付额的，因此它可以相对降低未来侵权请求权人的风险，转嫁一部分风险到当前侵权请求权人身上，这样做也更符合公平分配原则，而且风险分摊会减少确定性等价贴水的数额，可谓一举两得。

确定性等价方法和 Smith 的资本市场方法也有很多可以结合之处。Smith 教授的方案也没有涵盖未来侵权请求权人所面临的风险。尽管当前侵权请求权人和未来侵权请求权人平均而言获得的补偿是一样的，但是当前侵权请求权人得到的补偿是确定的，没有什么风险，而未来侵权请求权人得到的补偿暴露于风险之下。这种未做调整的资本市场方法对未来侵权请求权人显然不够公平。我们可以将确定性等价方法和 Smith 的资本市场方法相结合，从中找到更好的解决方案。和资本市场方案一样，所有的侵权请求权人都可以获得赔偿基金中的股份，直到所有侵权伤害都已发生，这些股份才会兑现。确定性等价方法可以这样做：对当前侵权请求权人享有的份额打一定的折扣，折扣大小取决于未来侵权请求权人所面临的风险的强弱。风险越高，折扣越大；反之，风险越低，折扣越小。如此一来，既可以确保确定性等价方法的长处，又可以弥补资本市场方法的不足。

将确定性等价方法与可变年金方案或资本市场方案有机相结合，再加上比例费补偿方案，就可以有效地解决代理问题。我们认为这种方法更为现实，三者可以取长补短。对于这些方案的综合应用，应因时、因地、因不同的案件而灵活加以调整，这样必将能够有效地解决大规模侵权导致的破产案件在后续的侵权赔付方面的公平分配问题。

---

① 如果把年金支付看作风险的函数，随着风险下降，年金支付增加，而随着年金支付增速大于风险降速，若函数为可微函数，则其一阶导数小于 0、二阶导数大于 0。

第九章　关于侵权判决规避问题的基本结论与研究展望

你不愿意种花。你说，我不愿看见它，一点点凋落。是的，为了避免结束，你避免了一切开始。

——顾城

前述各章围绕侵权判决规避问题，从不确定性和策略性行为两个视角对侵权法中一个特殊的现实问题进行了理论和模型分析，这一系列的研究工作彰显了侵权判决规避问题在现实法律运行中的鲜明存在，及其对既有的法律经济学文献的理论冲击。本章对前述各章进行全面的总结，并对以后在相关领域的进一步研究进行前瞻性的展望。

第一节　基本结论

侵权法的经济分析肇始于科斯(1960)，在这篇文献中，科斯为侵权责任法的运行提供了一种理论分析的可能性，同时也为侵权法的实施提供了辨识基础。因为交易费用高昂，侵权行为无法通过私人契约来治理，同时又非公法所辖制，于是制定适用的侵权责任原则就显得极为重要。其后，经过 Guido Calabresi、Richard Posner、Steven Shavell 等人的不断发展，到 20 世纪 80 年代中后期，侵权法领域的经济分析已臻成熟之境。

但是，经济分析的所谓成熟，并不是一种完美境界，实际上，侵权法经济学不断受到来自现实和理论自身的挑战。侵权判决规避问题因破坏了侵权责任法运行的隐性假设而使得侵权法的经济分析出现了问题。突出反映在侵权施害人会利用有限责任原则与其他法律上的逻辑不一致而隐匿和转移财产，公然逃避潜在的对侵权受害人的赔偿判决。正是因为侵权判决规避问题的存在，才使得侵权法的各种理论基础受到一定的冲击。在这样的背景之下，我们展开了相关研究。

第一，我们综述了前人的研究成果。虽然国内关于侵权判决规避问题的研究文献尚不多见，但是国际上针对侵权判决规避问题的研究已历三十多年,理论研究文献的数量也非常可观,经验研究文献也不断有各种数据出炉,从各个侧面验证侵权判决规避问题的存在性。关于侵权判决规避问题的成因,除了一般性的道德风险行为,风险社会的概念和现代市场化社会的大规模侵权风险也不断地受到重视。如何有效治理侵权判决规避问题?这不仅仅是一个法律制度的设计问题,同时也是一个时代的特征问题,需要整个社会予以关注,人们对风险世界的认知也需要改变。

第二,侵权责任法的传统经济分析总是假设事故风险的概率已知,而且侵权行为主体各方对这一客观分布的概率风险有着清醒的认知。这样的假设有助于运用新古典微观经济学中由冯·诺依曼和摩根斯坦创建的期望效用理论模型。之后经过 Savage(1954)的模型改进,概率由客观已知这一饱受诟病的假设转为主观设定,创建了主观期望效用理论。期望效用理论的确非常方便用于经济分析,但是也遭遇了新的悖论,其中最为著名的就是埃尔斯伯格悖论。二十余年来,这个领域中微观经济学的最新进展最为受人瞩目,其中由 Schmeidler(1989)创设的 Choquet 期望效用理论纳入了对不确定性的讨论,最受重视。后来经过 Wakker(2008)的改进,决策主体对待不确定性的态度也被纳入分析框架,形成的公理化体系相对完整。我们借用微观经济学的最新研究成果,探讨侵权判决规避问题的法律经济学结构,得到一些不同以往的结论。在纳入不确定性之后,不同归责原则下侵权判决规避问题对经济效率的影响程度呈现不同的特征:在无过错责任原则下,不论侵权行为主体对待不确定性问题的态度如何,都进一步恶化了侵权判决规避所带来的无效率状况;而在过错责任原则下,考虑到侵权行为主体的不确定性态度,侵权判决规避问题所带来的效率损失有所减少。但是,这两类责任原则都无法实现帕累托最优。正是在这样的基础上,我们认为实施过错责任原则有其经济效率上的正当性。这不但支持了我国侵权责任法除特殊侵权之外一律适用过错责任原则的规定,也支持了当今世界各国比较普遍采取过错责任原则这一事实。不但如此,我们的分析结果还表明,在存在侵权判决规避问题的侵权责任事故中,法院判决还是可以追求社会成本最低的标准。就事前和事后两种情况,我们提出了最低资产标准要求以及基于不确定性及行为主体态度调整的庇古税方法。在事前(即事故发生之前),通过设定最低资产标准,并充分考虑事件发生的不确定性而非风险,我们可以为侵权行为主体提供有效的激励;在事后,通过基于不确定性程度及侵权行为主体面对不确定性的态度,我们可以征收庇古税或进行补贴,从而达成社会成本最低的效率诉求。因此,本书提出的两种解决方案不仅可以实现事前效率的目标,还可以满足事后效率的要求。

第三,在分析了企业决策的不确定性背景之后,我们紧接着建立了两个研究企业策略性地利用自己的信息优势影响侵权判决的模型。本书第四章建立了一个分析企业侵权行为与破产清偿之间内在联系的模型。这个模型试图表明,企业家总是希望通过融资结构的选择,在现有破产法清偿条款的规定下,尽量规避未来可能的侵权赔偿请求。在模型表明了企业家过度融资与规避侵权破产清偿两种行为的权衡问题存在根本冲突之后,我们建立了基本的福利分析框架,为之后的责任政策分析提供了思考的基础。本书对这一问题的几种解决方案进行了优劣比较,分别对相关政策做出了有关经济效率的评价,这是以往文献从来没有涉及的。至于最优政策或者最优的责任原则,需要考察具体的假设,如果放开信息完全、产品市场完全竞争以及法官判断能力这些设定,我们就有必要重新寻找最优的规避侵权破产的政策和责任原则。本书第五章建立了一个有关消费者类型具有不确定性的逆向选择模型,通过分析发现,关于产品的侵权风险问题,市场本身可以通过提供不同类型的合同自我解决,即实现区分低风险类型消费者和高风险类型消费者的分离均衡。并且,在分离均衡下,生产商依然可以提供最优的产品安全风险系数,从而保证社会效率的实现。根据这一逻辑,侵权责任法对这类问题将不再适用,因为市场并未出现失灵的情况;同时,合同法也不得干预生产商与消费者达成的任何免责条款。我们必须声明这一结论的背景,那就是消费者了解厂商在生产过程中的产品质量水平,并且消费者本身是理性的、成熟的购买者,只是在使用产品过程中存在不同的导致产品安全事故的概率风险而已。根据经济效率的考量,我们针对消费者逆向选择条件下的产品安全问题进行分析,对当前的产品安全政策倾向提出疑问;尤其是在当前相关部门对产品安全事故的打击力度不断加大、运动式地打击相关厂商的背景下,理性地看待市场和法律的关系,理性地看待市场与管制的内在互补关系,才是解决产品安全问题更好的方向。唯有深刻地理解市场机制,法律和管制才有其合法性和经济意义;否则,不当的法律和管制措施或许会导致这种结果:在消灭市场有害结果的同时,把市场原本有益的功能也消灭了,这样的法律和管制政策或许会得不偿失。

第四,就侵权事故发生之后的赔偿问题,我们就其中已然发生侵权判决规避企业的侵权受害人的赔偿方案进行了讨论。本书第八章充分讨论了已有的各项赔偿程序的运行利弊,采用确定性等价方法,就侵权受害人数量不确定性的情况下如何选择更为公平也更富效率的赔偿程序进行了分析。研究发现,确定性等价方法与可变年金方案或资本市场方案有机结合,再加上比例费补偿方案,可以有效解决代理问题。我们认为这种方法更为现实,三者可以取长补短。综合运用这些方案，因时、因地、因不同的案件而灵活加以运用，必将能够有效解决大规模侵权导致的破产案件在后续的侵权赔付方面的公平分配问题。

第二节　研究展望

尽管我们已经进行了比较正式的模型分析，但还是要承认，本书并没有最终解决侵权判决规避问题。实际上，我们从不确定性和策略性行为两个侧面考察了侵权行为主体在面对类似情境时的行为逻辑，并给出了政策讨论的基础，但是就本书的核心主题而言，全面地深入理解和解决相关问题仍然需要学界同仁的共同努力。本书抛砖引玉，希望能够提起大家在理论上对这一问题的重视。

本书在以下几个方面存在继续研究的必要性和可能性：

第一，关于不确定性问题的研究有待进一步深入，尤其是可以更多结合侵权法的既有分析框架。比如，在破产法侵权请求权的受偿顺位问题上运用不确定性问题的分析框架，应当会产生更为有趣的结论。因此，进一步关注不确定性条件下决策理论的进展，深入思考法律经济分析中可以产生革命性结果的结合点，应当成为下一步工作的重点。

第二，继续寻找侵权判决规避问题的最优解决方案。现有的研究并未给出普遍适用的侵权判决规避问题的最优解决方案，本书针对特定条件下的最优侵权责任原则进行了分析，并就既有的解决方案进行了评价，对于法学界所提出的一些法律建议进行了效率分析和评估，但并未穷尽各种可能情况下的最优解决方案，也未得出一致性的经验规律。这项工作应当留待下一步的深入研究。

第三，同时也是最困难的部分，就是如何尽量将研究结果和现实中的这类判案相结合，从而提出更符合中国情境的立法建议；就中国各部门法律中存在的缺漏之处，如何从经济学逻辑加以分析和调整，系统地给出解决侵权判决规避问题的法律方案。这才是本书真正的目的所在，也是我们研究的最终目标所在！

参考文献

波林斯基. 法和经济学导论(第三版)[M]. 郑戈，译. 北京：法律出版社，2009.

蔡洪滨，张琥，严旭阳. 中国企业信誉缺失的理论分析[J]. 经济研究，2006(9)：85—102.

戴维·克雷普斯. 高级微观经济学教程[M]. 李井奎，等译. 上海：格致出版社，2017.

冯·诺伊曼，摩根斯顿. 博弈论与经济行为[M]. 王文玉，王宇，译. 北京：生活·读书·新知三联书店，2004.

弗兰克·奈特. 风险、不确定性与利润[M]. 安佳，译. 北京：商务印书馆，2010.

龚强，张一林，余建宇. 激励，信息与食品安全规制[J]. 经济研究，2013(3)：135—147.

韩长印，韩永强. 债权受偿顺位省思：基于破产法的考量[J]. 中国社会科学，2010(4)：101—115.

黄涛，颜涛. 医疗信任商品的信号博弈分析[J]. 经济研究，2009(8)：125—134.

凯斯·R. 桑斯坦. 行为法律经济学[M]. 北京：北京大学出版社，2006.

李井奎. 企业破产法的经济结构[J]. 广东商学院学报，2010(1)：84—94.

李井奎，史晋川. 产品侵权、破产清偿与经济效率[C]. 第十届中国经济学年会会议，2010.

李想，石磊. 行业信任危机的一个经济学解释：以食品安全为例[J]. 经济研究，2014(1)：169—181.

李新春，陈斌. 企业群体性败德行为与管制失效：对产品质量安全与监管的制度分析[J]. 经济研究，2013(10)：98—111.

李焰，王琳. 媒体监督、声誉共同体与投资者保护[J]. 管理世界，2013(11)：130—143.

理查德·波斯纳. 法律的经济分析(第七版)[M]. 蒋兆康，译. 北京：法律出版社，2012.

罗伯特·考特，托马斯·尤伦. 法和经济学(第六版)[M]. 史晋川，董雪兵等，译. 上海：格致出版社，2012.

罗纳德·科斯. 社会成本问题[M]. // 盛洪. 现代新制度经济学. 北京：北京大学出版社，2003.

马斯·克莱尔，麦克·温斯顿，杰里·格林. 微观经济理论[M]. 刘文忻，等译. 北京：中国社会科学出版社，1995/2001.

让·雅克·拉丰，大卫·马赫蒂摩. 激励理论[M]. 陈志俊，译. 北京：中国人民大学出版社，2002.

三鹿破产债权清偿率为零，对结石患儿无钱可赔[EB/OL].(2009-11-28)[2021-11-30]. http://news. sina. com. cn/c/2009-11-28/125416684006s. shtml.

史蒂文·泰迪里斯. 博弈论导论[M]. 李井奎，译. 北京：中国人民大学出版社，2015.

史晋川，汪晓辉，吴晓露. 产品侵权下的法律制度与声誉成本权衡：一个微观模型补充[J]. 经济研究，2015(9)：156—169.

史晋川，吴晓露. 产品责任制度建立的经济学分析——对"三菱帕杰罗事件"的思考[J]. 经济研究，2002(4)：60—70.

斯蒂文·萨维尔. 事故法的经济分析[M]. 翟继光，译. 北京：北京大学出版社，2004.

唐应茂. 法院执行为什么这么难——转型国家中的政府、市场与法院[M]. 北京：北京大学出版社，2009.

汪晓辉，史晋川. 标准规制、产品责任制与声誉：产品质量安全治理研究综述[J]. 浙江社会科学，2015(5)：50—59.

王彩霞. 政府监管失灵、公众预期调整与低信任陷阱——基于乳品行业质量监管的实证分析[J]. 宏观经济研究，2011 (2)：31—35.

王利明. 侵权行为法归责原则研究[M]. 北京：中国政法大学出版社，2004.

王夏阳，傅科. 企业承诺、消费者选择与产品质量水平的均衡分析[J]. 经济研究，2013 (8)：94—106.

王永钦，刘思远，杜巨澜. 信任品市场的竞争效应与传染效应：理论和基于中国食品行业的事件研究[J]. 经济研究，2014(2)：141—154.

威廉·M. 兰德斯，理查德·波斯纳. 侵权法的经济结构[M]. 王强，译. 北京：北京大学出版社，2005.

乌尔里希·贝克. 风险社会：新的现代性之路[M]. 张文杰，何博闻，译. 南京：译林出版社，2004.

吴元元. 信息基础、声誉机制与执法优化[J]. 中国社会科学，2012(6)：115—133.

亚当·斯密. 国富论[M]. 郭大力，王亚南，译. 北京：商务印书馆，2001.

杨立新. 侵权责任法[M]. 北京：法律出版社，2010.

张赤东. 三鹿事件企业"造假"行为的经济学分析[J]. 生产力研究，2009(23)：197—200.

张维迎. 法律制度的信誉基础[J]. 经济研究，2002(1)：3—13+92.

《中华人民共和国侵权责任法》. 中央政府门户网站：http://www. gov. cn/flfg/2009-12/26/content_1497435. htm.

Abel R. Real tort crisis-too few claims[J]. Ohio State Law Journal，1987(48)：443—448.

Akerlof G A. The market for "lemons"：Quality uncertainty and the market mechanism [J]. The Quarterly Journal of Economics，1970，84(3)：488—500.

Alexander J C. Unlimited shareholder liability through a procedural lens[J]. Harvard Law Review, 1992, 106(2): 387—445.

Allais M. Le comportement de l'homme rationnel devant le risque: Critique des postulats et axiomes de l'école Américaine[J]. Econometrica: Journal of the Econometric Society, 1953(21): 503—546.

Arlen J, Kraakman R. Controlling corporate misconduct: An analysis of corporate liability regimes[J]. New York University Law Review, 1997(72): 687—688.

Arlen J. The potentially perverse effects of corporate criminal liability[J]. The Journal of Legal Studies, 1994, 23(2): 833—867.

Ausness R C. Waive goodbye to tort liability: A proposal to remove paternalism from product sales transactions[J]. San Diego Law Review, 2000 (37): 293—310.

Baker S, Choi A. Managing reputation with litigation: Why legal sanctions can work better than market sanctions[J], Journal of Legal Studies, 2013, 47(1): 45—82.

Balkenborg D. How liable should a lender be? The case of judgment-proof firms and environmental risk: Comment[J]. The American Economic Review, 2001, 91(3): 731—738.

Beard T R. Bankruptcy and care choice[J]. Rand Journal of Economics, 1990, 21(4): 626—634.

Becker S W, Brownson F O. What price ambiguity? Or the role of ambiguity in decision-making[J]. Journal of Political Economy,1964(72): 62—73.

Benabou R, Laroque G. Using privileged information to manipulate markets: Insiders, gurus, and credibility[J]. The Quarterly Journal of Economics, 1992, 107(3): 921—958.

Bewley T F. Knightian decision theory: Part I[C]. Yale University, Cowles Foundation Discussion Paper, 1986.

Bewley T F. Knightian decision theory: Part II[C]. Yale University, Cowles Foundation Discussion Paper, 1987.

Biglaiser G. Middlemen as experts[J]. The RAND Journal of Economics, 1993, 24 (2): 212—223.

Binmore K, Stewart L, Voorhoeve A. An experiment on the ellsberg paradox[R]. Working Paper, 2012.

Binmore K, Stewart L, Voorhoeve A. An experiment on the ellsberg paradox[R]. Working Paper, 2011.

Bisso J C, Choi A H. Optimal agency contracts: The effect of vicarious liability and judicial Error[J]. International Review of Law and Economics, 2008, 28(3): 166—174.

Boyer M, Laffont J J. Environmental risks and bank liability[J]. European Economic Review, 1995, 41(8): 1427—1459.

Brander J A, Spencer B J. Moral hazard and limited liability: Implications for the theory of the firm[J]. International Economic Review,1989, 30(4): 833—849.

Brencher G. Formalism, positivism, and natural law in Ernest Weinrib's tort theory: Will the real Ernest Weinrib please come forward[J]. The University of Toronto Law Journal, 1992, 42(3): 262—274.

Brooks R R W. Liability and organizational choice[J]. Journal of Law & Economics, 2000(45): 91—104.

Calabresi G. The Cost of Accidents: A Legal and Economic Analysis[M]. Yale University Press,1970.

Camerer C. Individual decision making[M]. // J H Kagel and A E Roth (eds.), The Handbook of Experimental Economics. Princeton University Press, 1995.

Camerer C, Talley E. Experimental study of law[M]. // Handbook of Law and Economics, Elsevier, 2007.

Camerer C, Weber M. Recent developments in modeling preferences: Uncertainty and ambiguity[J]. Journal of Risk and Uncertainty, 1992(5): 325—370.

Carroll S J, Hensler D, Abrahamse A, et al. Asbestos litigation costs and compensation[M]. Santa Monica, RAND Corporation, 2004.

Chakravarty S, Kelsey D. Ambiguity and accident law, department of economics[R]. University of Exeter Working Paper, 2011.

Chateauneuf A, Eichberger J, Grant S. Choice under uncertainty with the best and worst in mind: Neo-additive capacities[J]. Journal of Economic Theory, 2007, 137(1): 538—567.

Chen Y, Hua X. Competition,product safety, and product liability[J]. Journal of Law, Economics, and Organization, 2017(33):237—267.

Che Y K, Spier K E. Strategic judgment proofing[R]. National Bureau of Economic Research Working Paper, 2008.

Choi A, Spier K. Should consumers be permitted to waive products liability? Product safety, private contracts, and adverse selection [R]. Harvard Law School Discussion Paper, 2010.

Choquet G. Theory of capacities[J]. Annales Institution Fourier, 1953(5): 131—195.

Chu C C Y, Qian Y. Vicarious liability under a negligence rule[J]. International Review of Law and Economics, 1995,15(3): 305—322.

Chu W, Chu W. Signaling quality by selling through a reputable retailer: An example of renting the reputation of another agent[J]. Marketing Science, 1994, 13(2): 177—189.

Cohen A, Dehejia R. The effect of automobile insurance and accident liability laws on traffic fatalities[J]. The Journal of Law and Economics, 2004, 47(2): 357—393.

Cole H L, Dow J, English W B. Default, settlement, and signaling: Lending resumption in a reputational model of sovereign debt[J]. International Economic Review, 1995(2): 365—385.

Colin C, Eric T. Experimental Study of Law: Handbook of Law and Economics[M]. Elsevier, 2007.

Cook W W. Watered stock—commissions' blue sky laws: Stock without par value[J]. Michigan Law Review, 1921, 19(6): 583—598.

Cooter R, Ulen T. Law and Economics(6e)[M]. Pearson Press,2012.

Cripps M W, Mailath G J, Samuelson L. Imperfect monitoring and impermanent reputations[J]. Econometrica, 2004,72(2):407—432.

Croley S P. Vicarious liability in tort: On the sources and limits of employee reasonableness[J]. California Law Review, 1996(69): 1705—1721.

Darby M R, Karni E. Free competition and optimal amount of fraud[J]. Journal of Law and Economics, 1973(16): 67—86.

Dari-Mattiacci G, De Geest G. Soft regulators, tough judges[R]. George Mason University School of Law Working Papers, 2005.

Dari-Mattiacci G, De Geest G. When will judgment proof injurers take too much precaution[J]. International Review of Law and Economics, 2006, 26(3): 336—354.

Dari-Mattiacci G, Mangan B M. Disappearing defendants versus judgment-proof injurers[J]. Economica, London School of Economics and Political Science, 2008, 75(300): 749—765.

Daughety A F, Reinganum J F. Competition and confidentiality: Signaling quality in a duopoly model[J]. Games and Economic Behavior, 2007, 58(1): 94—120.

Daughety A F, Reinganum J F. Economic Analysis of Products Liability: Theory[M]. Social Science Electronic Publishing, 2011.

Daughety A F, Reinganum J F. Product safety: Liability, R&D and signaling[J]. American Economic Review, 1995, 85(5): 1187—1206.

Daughety A F, Reinganum J F. Products liability, signaling and disclosure[J]. Journal of Institutional and Theoretical Economics, 2008, 164(1): 106—126.

Ekmekci A, Aydin T, Joshi A. On the control of flow past a circular cylinder via a single spanwise protrusion[M]. // Proceedings of the 10th International Conference on Flow-Induced Vibration. Dublin, Ireland, 2012.

Ekmekci M, Gossner O, Wilson A. Impermanent types and permanent reputations[J]. Journal of Economic Theory, 2012, 147(1): 162—178.

Ellsberg D. Risk, ambiguity, and the savage axioms[J]. Quarterly Journal of Economics, 1961(75): 643—669.

Epple D, Raviv A. Product safety: Liability rules, market structure, and imperfect information[J]. American Economic Review, 1978, 68(1): 80—95.

Friehe T. A note on judgment proofness and risk aversion[J]. European Journal of Law and Economics, 2007, 24(2): 109—118.

Fudenberg D, Levine D K. Maintaining a reputation when strategies are imperfectly observed[J]. Review of Economic Studies, 1992(59):561—579.

Fudenberg D, Levine D K. Reputation and equilibrium selection in games with a patient player[J], Econometrica, 1989(57): 759—778.

Ganuza J J, Gomez F, Robles M. Product liability versus reputation[J]. Journal of Law, Economics, and Organization, 2016(32):213—241.

Geistfeld M. Manufacturer moral hazard and the tort-contract issue in products liability [J]. International Review of Law and Economics, 1995(15): 241—257.

Gigerenzer G. Is the mind irrational or ecologically rational[M]. // The Law and Economics of Irrational Behavior. Stanford University Press, 2005.

Gilboa I, Schmeidler D. Maxmin expected utility with a non-unique prior[J]. Journal of Mathematical Economics, 1989(18): 141—153.

Gilles S G. The judgment-proof society[J]. Washington & Lee Law Review, 2006(1): 63.

Gossner O. Simple bounds on the value of a reputation[J]. Econometrica, 2011, 79(5): 1627—1641.

Green E J, Porter R H. Noncooperative collusion under imperfect price information[J]. Econometrica, 1984(52):87—100.

Green R M. Shareholders as stakeholders: Changing metaphors of corporate governance [J]. Washington & Lee Law Review, 1993(50): 1409.

Grundfest J A. Limited future of unlimited liability: A capital markets perspective[J]. The Yale Law Journal, 1992(102): 387—425.

Halpern P, Trebilcock M, Turnbull S. An economic analysis of limited liability in corporation law[J]. University of Toronto Law Journal, 1980(1): 117—150.

Hamada K. Liability rules and income distribution in products liability[J]. American Economic Review, 1976(66): 228—234.

Hansmann H, Kraakman R. Toward unlimited shareholder liability for corporate torts[J]. The Yale Law Journal, 1991, 100(7): 1879—1934.

Hanson J D, Kysar D A. Taking behavioralism seriously: The problem of market manipulation[J]. New York University Law Review, 1999(74): 630—749.

Hay B L, Spier K E. Manufacturer liability for harms caused by consumers to others[J]. American Economic Review, 2005(95): 1700—1711.

Heyes A G. Lender penalty for environmental damage and the equilibrium cost of capital[J]. Economica, 1996, 63(250): 311—323.

Hiriart Y, Martimort D. The benefits of extended liability[J]. The RAND Journal of Economics, 2006, 37(3): 562—582.

Hoington D. Limited liability contracts between principal and agent[J]. Journal of Economic Theory, 1983, 29(1): 1—21.

Holmstrom B. Moral hazard in teams[J]. The Bell Journal of Economics, 1982, 13(2): 324—340.

Holmstrom B, Tirole J. Financial intermediation, loanable funds, and the real sector[J]. Quarterly Journal of Economics, 1997, 112(3): 663—691.

Innes R D. Limited liability and incentive contracting with ex-ante action choices[J]. Journal of Economic Theory, 1990, 52(1): 45—67.

Jehiel P, Samuelson L. Reputation with analogical reasoning[J]. The Quarterly Journal of Economics, 2012, 127(4): 1927—1969.

Jensen M C, Meckling W H. Theory of the firm: Managerial behavior, agency costs and ownership structure[J]. The Journal of Financial Economics, 1976(3): 305—360.

Jolls C. Behavioral economic analysis of redistributive legal rules[J]. Vanderbilt Law Review, 1998(51): 1653—1677.

Jolls C, Sunstein C R, Thaler R. A behavioral approach to law and economics[J]. Stanford Law Review, 1998(50): 1471—1550.

Jost P J. Limited liability and the requirement to purchase insurance[J]. International Review of Law and Economics, 1996, 16(2): 259—276.

Kahneman D. Thinking, Fast and Slow[M]. Lane Allen Press, 2011.

Kahneman D, Tversky A. Prospect theory: An analysis of decision under risk[J]. Econometrica, 1979(47): 263—291.

Kalai E, Lehrer E. Subjective games and equilibria[J]. Games and Economic Behavior, 1995, 8(1): 123—163.

Keynes J M. A Treatise on Probability[M]. Dover Publications, 1921.

Klein B, Leffler K B. The role of market forces in assuring contractual performance[J]. Journal of Political Economy, 1981(89): 615—641.

Knight F H. Risk, Uncertainty, and Profit[M]. Houghton Mifflin, 1921.

Kornhauser L A. An economic analysis of the choice between enterprise and personal liability for accidents[J]. California Law Review, 1982(2): 1345—1392.

Kraakman R H. Gatekeepers: The anatomy of a third-party enforcement strategy[J]. Journal of Law, Economics, and Organization, 1986, 2(1): 53.

Kraakman R H. Vicarious and corporate civil liability[J]. Encyclopedia of Law and Economics, 2000(2): 669—681.

Kramer L, Sykes A O. Municipal liability under 1983: A legal and economic analysis[J]. The Supreme Court Review, 1987(4): 249—301.

Kreps D, Milgrom P R, Roberts D J, et al. Rational cooperation in the finitely repeated prisoner's dilemma[J]. Journal of Economic Theory, 1982, 27(2): 245—252.

Laffont J J, Tirole J. A Theory of Incentives in Procurement and Regulation[M]. The

MIT Press,1993.

Leebron D W. Limited liability, tort victims, and creditors[J]. Columbia Law Review, 1991, 91(7): 1565—1650.

Lewis T R, Sappington D E M. How liable should a lender be? The case of judgment-proof firms and environmental risk: Comment[J]. American Economic Review, 2001(2): 724—730.

Listokin Y, Ayotte K. Protecting future claimants in mass tort bankruptcies[J]. Northwestern University Law Review, 2004, 103(2): 737—798.

Liu Q, Skrzypacz A. Limited records and reputation bubbles[J]. Journal of Economic Theory, 2014(151): 2—29.

Lizzeri A. Information revelation and certification intermediaries[J]. The RAND Journal of Economics, 1999, 30(2): 214—231.

Logue K D. Solving the judgement-proof problem[J]. Texas Law Review, 1994(72): 1375—1394.

LoPucki L M. Death of Liability[J]. Yale Law Journal, 1996, 106(1): 1—92.

LoPucki L M. The essential structure of judgment proofing[J]. The Stanford Law Review, 1998(51): 1269—1334.

LoPucki L M. The irrefutable logic of judgment proofing: A reply to professor Schwarcz[J]. The Stanford Law Review, 1999(52): 737—754.

MacLeod W B. Reputations, relationships, and contract enforcement[J], Journal of Economic Literature, 2007, 45(3): 595—628.

MacMinn R. On the judgment proof problem[J]. The Geneva Papers on Risk and Insurance-Theory, 2002, 27(2): 143—152.

Mailath G J, Samuelson L. Who wants a good reputation[J]. The Review of Economic Studies, 2001, 68(2): 415—441.

Miceli T J, Segerson K. A note on optimal care by wealth-constrained injurers[J]. International Review of Law and Economics, 2003, 23(3): 273—284.

Myers S C. Capital structure puzzle[R]. National Bureau of Economic Research Working Paper, 1984.

Myers S C, Majluf N S. Corporate financing and investment decisions when firms have information that investors do not have[J]. Journal of Financial Economics, 1984, 13(2): 187—221.

Nagareda R A. Mass Torts in a World of Settlement[M]. University of Chicago Press, 2007.

Nelson P. Information and consumer behavior[J]. Journal of Political Economy, 1970 (78): 311—329.

Oi W Y. The economics of product safety[J]. Bell Journal of Economics, 1973(4):

3—28.

Owen D G. Moral foundations of products liability law: Toward first principles[J]. Notre Dame Law Review, 1992, 68(3): 429—475.

Pitchford R. How liable should a lender be? The case of judgment-proof firms and environmental risk[J]. The American Economic Review, 1995, 85(5): 1171—1186.

Pitchford R. How liable should a lender be? The case of judgment-proof firms and environmental risk: Reply[J]. The American Economic Review,2001, 91(3): 739—745.

Pitchford R. The role of tort and debt bankruptcy priority in a model of firm precaution choice[D]. MIT, 1993.

Polborn M K. Mandatory insurance and the judgment-proof problem[J]. International Review of Law and Economics, 1998, 18(2): 141—146.

Polinsky A M, Rogerson W P. Products liability, consumer misperceptions, and market power[J]. Bell Journal of Economics, 1983(14): 581—589.

Polinsky A M, Shavell S. Handbook of Law and Economics (Volumes 1-2)[M]. Elsevier, 2007.

Polinsky A M, Shavell S. Should liability be based on the harm to the victim or the gain to the injurer[Z]. National Bureau of Economic Research, Cambridge, 1993.

Polinsky A M, Shavell S. The uneasy case for product liability[J]. Harvard Law Review, 2010(123): 14—37.

Posner E A, Sykes A O. An economic analysis of state and individual responsibility under international law[J]. American Law and Economics Review, 2007, 9(1): 72—134.

Priest G L. Theory of the consumer product warranty[J]. Yale Law Journal, 1981, 90(6): 1297—1352.

Priest G L. The modern expansion of tort liability: Its sources, its effects, and its reform[J]. The Journal of Economic Perspectives, 1991, 5(3): 31—50.

Ringleb A H, Wiggins S N. Liability and large-scale, long-term hazards[J]. The Journal of Political Economy, 1990, 98(3): 574—595.

Ripstein A. The division of responsibility and the law of tort[J]. Fordham Law Review, 2004(72): 101—132.

Roe M J. Bankruptcy and mass tort[J]. Columbia Law Review, 1984, 84(7): 1285—1342.

Rogerson W P. Reputation and product quality[J]. Bell Journal of Economics, 1983,14(2):508—516.

Rosthschild M, Stiglitz J. Equilibrium in competitve in surance market[J]. The Quarterly Journal of Economics, 1976(90): 629—649.

Savage L J. The Foundations of Statistics[M]. John Wiley,1954.

Schmeidler D. Subjective probability and expected utility without additivity[J]. Econometrica: Journal of the Econometric Society, 1989(2): 571—587.

Schwarcz S L. Judgment proofing: A rejoinder[J]. Stanford Law Review, 1999, 52(1): 77—92.

Schwartz A. Proposals for products liability reform: A theoretical synthesis[J]. Yale Law Journal, 1988(97): 353—419.

Schwartz A. The case against strict liability[J]. Fordham Law Review, 1992(60): 819—842.

Schwartz G T. Hidden and fundamental issue of employer vicarious liability[J]. California Law Review, 1996, 84(6): 1739—1778.

Shapiro C. Premiums for high quality products as returns to reputations[J]. Quarterly Journal of Economics, 1983(98): 659—680.

Shapiro C, Stiglitz J. Equilibrium unemployment as a worker discipline device[J]. American Economic Review, 1984, 74(3): 433—444.

Shavell S. Foundations of Economic Analysis of Law [M]. Harvard University Press, 2004.

Shavell S. Liability for accidents[J]. Handbook of Law And Economics, 2007(1): 139—182.

Shavell S. Minimum asset requirements and compulsory liability insurance as solutions to the judgment-proof problem[J]. RAND Journal of Economics, 2005(36): 63—77.

Shavell S. On the social function and the regulation of liability insurance[R]. John M Olin Center Working Paper, 2000.

Shavell S. Strict liability versus negligence[J]. The Journal of Legal Studies, 1980, 9(1): 1—25.

Shavell S. The judgement proof problem[J]. International Review of Law and Economics, 1986, 6(1): 45—58.

Shavell S. The optimal level of corporate liability given the limited ability of corporations to penalize their employees[J]. International Review of Law and Economics, 1997(17): 203—214.

Shuman D W. The psychology of deterrence in tort law[J]. Kansas Law Review, 1993, 41(1): 125—148.

Smith T A. A capital markets approach to mass tort bankruptcy[J]. Yale Law Journal, 1994(104): 367—433.

Sorin S. Merging, reputation, and repeated games with incomplete information[J]. Games and Economic Behavior, 1999, 29(1-2): 274—308.

Spence A M. Consumer misperception, product failure and product liability[J]. Review of Economic Studies, 1977(44): 561—572.

Sproul T, Zilberman D. Accidents happen: The effect of uncertainty on environmental policy design[R]. 2011 Annual Meeting, 2011.

Sugerman S. Doing away with tort law[J]. California Law Review, 1985, 73(4): 555—624.

Summern J P. Toward an economic theory of liability[J]. Journal of Legal Studies, 1973(2): 323—349.

Summers J J. The case of the disappearing defendant: An economic analysis[J]. University of Pennsylvania Law Review, 1983(132): 145—185.

Sykes A O. An efficiency analysis of vicarious liability under the law of agency[J]. Yale Law Journal, 1981, 91(1): 168—206.

Sykes A O. The economics of vicarious liability[J]. Yale Law Journal, 1984, 93(7): 1231—1260.

Teitelbaum J C. A unilateral accident model under ambiguity[J]. Journal of Legal Studies, 2007(36): 431—477.

Telser L G. A theory of self-enforcing agreements[J]. The Journal of Business, 1980, 53(1): 27—44.

Tirole J. From Pigou to extended liability: On the optimal taxation of externalities under imperfect financial markets[J]. The Review of Economic Studies, 2010, 77(2): 697—729.

Trebilcock M J. Incentive issues in the design of no-fault compensation systems[J]. Toronto Law Journal, 1989(39): 19—54.

Wakker P. Prospect Theory for Risk and Ambiguity[M]. Cambridge University Press, 2010.

Wakker P. Testing and characterizing properties of nonadditive measures through violations of the sure-thing principle[J]. Econometrica, 2001(69): 1039—1059.

Weinrib E J. Toward a moral theory of negligence law[J]. Law and Philosophy, 1983, 2(1): 37—62.

White J J. Corporate judgment proofing: A response to Lynn LoPucki's the death of liability[J]. Yale Law Jounral, 1997, 107(5): 1363—1412.

White M J. Asbestos and the future of mass torts[D]. National Bureau of Economic Research, Cambridge, 2004.

后　记

自 2001 年到浙江大学经济学院就读研究生，我受教于经济学院诸师至今已经 20 年有余。二十多年来，我从一个对学术一无所知、只是想在杭州这风景如画的城市再读上几年书的文艺男青年，变成一名矢志于经济学教学与研究的追求者，其中的心理历程与艰难曲折，一言难尽。

感谢我的老师们！我在硕士期间跟随张旭昆教授攻读经济思想史，那个时期，张老师在宁波大学担任国际商学院院长一职，虽然工作极其繁忙，但是每个月都要和我们这些学生相聚，让大家谈谈各自的学术研究进度。张老师对我的关心，已经超出一般的学术层面，对待我就像对待自己的孩子一般，而我内心也视张老师如父。由于张老师有段时间经常不在杭州，他还把我们托付给汪丁丁老师、史晋川老师、罗卫东老师代为指导和管教。首次见到三位老师的情境，我至今历历在目。2001 年 9 月 12 日，我来到浙江大学玉泉校区的经济学院大楼，很远就听到史晋川老师的爽朗笑声，他开着玩笑说他很庆幸自己是 9 月 10 日坐飞机从纽约回来的，言谈之中一派豪迈，令人倾倒。后来我选修史老师的微观经济学课程，遂与史老师相识。二十多年来，史老师无论身处何职，都未曾忘却自己的学者本色，对学术的追求始终是其内心深种之参天巨木。2007 年，我最终投入史老师门下攻读法律经济学的博士学位，但愿我将来能够在该领域做出更多成绩，和史老师一起光大中国的法律经济学研究。

在我读研期间，适逢浙江大学经济学论坛如日中天之际。我先是在论坛里侧闻周其仁老师的传奇经历，后又与汪丁丁老师在网上结识。第二年，我担任二人的助教长达一年，每周搭乘周其仁老师的车去紫金港上课。可以说，我真正的经济学启蒙来自周其仁老师的课，周老师不但学问独具特色、思考深入，而且极富人格魅力，对待学生也是极好。汪丁丁老师就更是如此，他的学问深如海，对学生也是极好。毕业之后，汪老师和师母李老师仍然经常惦记着我们，每次见面问学问、问生活，仿佛父母之对子女，令人感动不已。

回顾往昔，我蹉跎十余载，不免让诸师失望，然则也坚定了立志于学术的信念，但愿余生能够安心于学问，无论成绩如何，万不敢辜负诸师培养之情。诸师对我等后生之培养提携，从小处讲，是志趣相投，从大处讲，是为学问之一脉。谨以此心报答诸位先生！

在我探究本书主题期间,台湾交通大学前校长盛庆琜先生、上海财经大学高等研究院院长田国强老师,都曾给我提供了很多帮助。盛老师以八十余岁的高龄,往返台湾和浙江,推广他的统合效用主义,这种精神让我对学问的魅力有了新的认识。我最后一次见盛老师是几年前,他已八十九岁高龄,记忆力依然很好,特地让浙大的朋友找到我。真的很感谢盛老师,虽然我最终没有从事有关效用主义的研究,但是他的精神一直激励我不忘初衷。2010年夏天我去上海财经大学参加高级经济学训练班,田国强老师特批我一个名额,学业完成之后,我给田老师写信表示感谢,田老师回复了很长一封信,其中"国家需要人才,我辈责无旁贷"一句,让我对田老师肃然起敬,至今不敢稍忘先生教诲。

这部专著脱胎于我的博士论文,虽然还有诸般缺憾,但是我把它当作自己学问之路的起点,带着先生们的精神财富,我希望能够在学术之路上走得更远!

在此期间,本书的相关研究成果发表在国内外多份学术期刊上,在此谨向我的合作者以及相关期刊的编辑致以真挚的谢意!这些期刊论文如下:

1. Reputation and liability in experience goods markets with imperfect monitoring(with Yizheng Chen, Guoqiang Tian), Economics Letters, vol. 220, November 2022。本文讨论经验品在不完美监督下的市场解决方案与产品责任制的结合,主要对应本书第六章。

2. 产品声誉机制和产品责任制的互补机理及协调路径研究(合作者:陈亦政、田国强),《浙江社会科学》,2022 年第 7 期。本文讨论声誉机制和产品责任制的互补机理与协调路径,主要对应本书第七章。

3. 劳动合同法、企业边界与新劳动力二元市场(合作者:平福冉、朱林可),《学术月刊》,2023 年第 8 期。本文是本书所呈现的法律经济学思想在《劳动合同法》上的应用,运用企业边界理论分析后者对企业生产效率的影响以及对劳动力市场结构的改变,主要对应本书第一章和第三章。

4. Optimal tax structure and public expenditure composition in a simple model of endogenous growth(with Lifeng Zhang, Yucong Ru), Economic Modelling, vol. 12. 2016。本文的研究与本书的研究同步,两者在不确定性建模以及确定性等价方面有相通之处,主要对应本书第三章和第八章。

5. 黑板经济学和真实世界的经济学:科斯定理的两种学术进路,《社会科学战线》,2014 年第 1 期。本文深入挖掘以罗纳德·科斯为首的法律经济学思想,分析传统的侵权法经济学和本书提出的侵权判决规避问题在黑板经济学与真实世界经济学的类比,主要对应本书第二章和第八章。

6. 侵权判决规避问题:侵权法经济学的挑战(合作者:史晋川),《东岳论丛》,2013 年第 12 期。本文主要对应于本书第四章。

7. 产品安全、逆向选择与市场机能,《浙江学刊》,2013 年第 1 期。本文主要对应于本书第五章。

最后,我还要深深地感谢我的妻子叶星和我的家人,是她们对我一直以来的支持和爱让我走到了今天。尤其是两个女儿李果行和李敏行在我撰写本书的前后次第降生,为我平添了许多的生活动力。同时,我的母亲和岳母帮助我们承担了不少家庭杂务,她们的付出使我有充裕的时间完成本书,此外还有我的父亲和岳父一直以来的默默支持,我铭感五内,念之也深。我始终记得老泰山的那句话:身体健康,家人和谐,这就是最大的幸福! 谢谢你们!

2019 年年底,我第一次远渡重洋,来到我心目中的最高学府哈佛大学法学院访学。哈佛大学浓厚的学术氛围让我沉醉其中,也是在这样的环境中,我完成了对本书的最后修订工作。对于本书的编辑黄炜婷女士,我也深表谢意,她是一位出色的编辑,认真负责而又和蔼善良,我们之间的合作非常愉快!

这部专著是我一个研究阶段的学术总结,虽然还远不够尽善尽美,毕竟是心血所铸,总是要献出来给大家,供大家批评。

李井奎

2020 年 2 月 28 日初稿写于哈佛大学法学院图书馆

2023 年 6 月 1 日修改定稿于浙江工商大学经济学院